現場発！
小学校 特別の教科
道徳！の
パーフェクトブック
見取り・評価

丸岡慎弥 著

フォーラム・A

はじめに

　2018年度より、「特別の教科 道徳」(以下:道徳科)が小学校でスタートしました。数年前からメディアもにぎわしていた道徳の教科化がいよいよ実施されたのです。また、本書が出版される2019年度には、中学校でも道徳科がスタートします。つまり、義務教育における道徳授業の教科化が完全実施されるのです。

　さて、小学校で道徳科が実際に先行導入される際にはさまざまなことが取りあげられましたが、現場の先生方が一番に興味関心をもたれていたことは「評価」だったように思います。

　実際、道徳をどのような形で「評価」するのか、については実施前から、多方面で注目が集まっていました。それは、実際に道徳科がスタートした昨年度も変わらず、研修会などでも、評価についての話題がいつもあがり、たくさんの質問が飛び交っていました。
　そして、その中でも、現場の先生方の一番の関心は、

どのように評価するのか

ということでした。

> 「数値化した評価はしない」
> 「個人内評価で行う」
> 「大くくりな評価で行う」

などなど、いくつかのキーワードは示されていたものの現場の先生方には困惑の表情が見られました。

なぜなら、

 どう評価したらいいのか

という具体例は示されなかったからです。

　そんな中でも、道徳科の実施は待ってはくれず、評価も行わなければなりませんでした。この１年間、先生方は不安と戸惑いの中、道徳科における評価に取り組まれたのではないかと思います。
　では、１年間取り組まれてみていかがでしょうか。「自信がついた」「もう心配いらない」と言える方は、まだまだ少数派なのではないでしょうか。

　そこで、本書の出番です。
　本書は、道徳科における重要なキーワードを文部科学省が出した文書とともに説明することで、わかりやすく理解できるようにまとめています。不安や戸惑いをまだもたれていた方や、少し自信がついたという方でも、本書を読んでいただくことで、道徳科の評価について、より深く理解していただけるのではないかと思います。

　そして本書の今までの類書にない特長が、通知表や指導要録に使える「評価文例集」が、取り外し可能な「別冊」としてついていることです。
　この文例集には、計「７７７個」の評価文例を収録しています。詳細は別冊に記しますが、実用に叶うよう、本冊の第３章の見取り・評価の観点と対応させ、その項目ごとに低・中・高学年に対応したすべての内容項目で評価文を考えています。そのまま写すだけでなく、ご自分で作成される際にも、参考にするなど存分にご活用ください。

　道徳科の評価は、子ども・保護者・教師の三者にとって、喜ばれるものにしていかなくてはいけません。そして、よりよい評価をしていくことによって、教師と子どもたちがつくり出す授業がまたよりよい授業へと変容していくのです。

　さぁ、本書を広げていただき、授業や評価の仕方をより良いものにしていきましょう。

もくじ

はじめに …………………………………………………………………… 2

第1章 「特別の教科 道徳」の評価に必要な、評価10大原則！

評価10大原則① 「何を教えるのか」を明確にして評価をする …………………………………… 8
評価10大原則② 「何を評価するのか」を明確にして評価をする ………………………………… 10
評価10大原則③ 「大くくり」での評価をする ……………………… 12
評価10大原則④ 「1単位時間」での評価をする …………………… 14
評価10大原則⑤ 「共感的」な評価をする …………………………… 16
評価10大原則⑥ 「記述式」での評価をする ………………………… 18
評価10大原則⑦ 「個人内」での評価をする ………………………… 20
評価10大原則⑧ 「他者とは比較しない」で評価をする …………… 22
評価10大原則⑨ さらに「意欲的」に取り組める評価をする ……… 24
評価10大原則⑩ 「次の指導に生かす」ための評価をする ………… 26

コラム❶ やってはいけない道徳NG評価文とは？ …………………………… 28

第2章 道徳的諸価値＆内容項目の特徴！

道徳的諸価値① 道徳的心情の特徴
　　　　　　　　～登場人物への自我関与が中心の学習～ …30
道徳的諸価値② 道徳的判断力の特徴
　　　　　　　　～問題解決的な学習～ ……………………………31
道徳的諸価値③ 道徳的実践意欲及び態度の特徴
　　　　　　　　～体験的な学習～ …………………………………32
内容項目① 「A 主として自分自身に
　　　　　　関すること」の特徴 …………………………34
内容項目② 「B 主として人との関わりに
　　　　　　関すること」の特徴 …………………………36
内容項目③ 「C 主として集団や社会との
　　　　　　関わりに関すること」の特徴 ………………38
内容項目④ 「D 主として生命や自然，崇高なものとの
　　　　　　関わりに関すること」の特徴 ………………40

| コラム ❷ | 低・中・高学年のそれぞれの特徴とは？ ……………………42 |

第3章 見取りの観点と評価の具体策！
～別冊・評価文例集対応～

授業場面別での具体策 ❶	授業のねらいから見取る ……………………44
授業場面別での具体策 ❷	教材との出会いから見取る ……………………46
授業場面別での具体策 ❸	授業で扱う中心発問から見取る ……………48
授業場面別での具体策 ❹	授業の感想から見取る ……………………50
授業場面別での具体策 ❺	授業後に期待される行動から見取る ……………………52
授業場面別での具体策 ❻	子どもたちの変容から見取る ……………………54
授業場面別での具体策 ❼	子どもたちの自己評価から見取る ……………………56
授業場面別での具体策 ❽	長期的な視点から見取る ……………………58
授業タイプ別での具体策 ①	登場人物への自我関与が中心の学習から見取る ……………60
授業タイプ別での具体策 ②	問題解決的な学習から見取る ……………62
授業タイプ別での具体策 ③	体験的な学習から見取る ① ～役割演技～ ……………64
授業タイプ別での具体策 ④	体験的な学習から見取る ② ～道徳的行為～ ……………66

> 第3章は、別冊・評価文例集と子どもを見取るときの観点や評価文の書き方を同じにしています。同じ項目名になっているので、文例集を取り外して横に置きながらこちらの内容を見ていただくと活用しやすくなります。

| コラム ❸ | 子ども同士で評価し合うことで深まる道徳授業！？ ……………68 |

第4章 評価は授業力向上のためにある！
～授業のふり返り具体策12～

ふり返りの具体策①	自身の「教材理解」を評価する	70
ふり返りの具体策②	自身の「価値理解」を評価する	72
ふり返りの具体策③	ねらいをしっかり立てられていたか評価する	74
ふり返りの具体策④	子どもたちの多面的・多角的な思考を引き出せたか評価する	76
ふり返りの具体策⑤	板書が子どもたちの思考を深めるつくりにできたか評価する	78
ふり返りの具体策⑥	教材や教具を活用できていたか評価する	80
ふり返りの具体策⑦	道徳的諸価値の理解ができていたか評価する	82
ふり返りの具体策⑧	自己の生き方についての考えがうまく引き出せたか評価する	84
ふり返りの具体策⑨	授業自体をふり返って評価する	86
ふり返りの具体策⑩	子どもたちの成果物などで評価する	88
ふり返りの具体策⑪	教科書をもとに授業ができたか評価する	90
ふり返りの具体策⑫	自身でレポートをつくり評価する	92

コラム④ 道徳科での評価は「よいところ見つけ」 ……………… 94

おわりに ……………… 95

別冊文例集　本別冊のもくじは、別冊の冒頭頁に掲載しています。第3章の項目順にそれぞれの見取り方の観点に合わせています。また、評価文例は低・中・高学年ごとの各内容項目に使える評価文例を載せています。また、巻末には指導要録に使える評価文例もつけています。ご活用ください。

第1章
「特別の教科 道徳」の評価に必要な、評価10大原則！

　「特別の教科 道徳」（以下、道徳科）では、学期末に文章での評価をすることが求められています。しかし、「道徳って評価できるものなの？」「どうやって評価をすればいいの？」そんな声があちこちから聞こえてきます。
　どのようなことを評価し、どのように評価をしていけばよいか。また、やってはいけない評価方法とは何なのか。
　本章では、そもそも、どうやって道徳科で評価を行っていけばよいかを理解するための、「道徳科の評価10大原則」をお伝えします。

評価10大原則 ①
「何を教えるのか」を明確にして評価をする

① 子どもたち1人ひとりの考えを肯定的に評価する

　「特別の教科 道徳」(以下、道徳科)で評価することとは何なのでしょうか。道徳を教科化する際(特に評価について)は、いくつかの反対意見が社会的に存在していました。例えば「一定の価値観の押しつけである」「先生の求める答えを子どもが言うことになる」などです。

　しかし、『小学校学習指導要領(平成29年告示)解説 特別の教科 道徳編』(以下、解説編)16頁の「第2節　道徳科の目標」には、次のような文章が盛り込まれています。

> 　道徳科の授業では，特定の価値観を児童に押し付けたり，主体性をもたずに言われるままに行動するよう指導したりすることは，道徳教育の目指す方向の対極にあるものと言わなければならない。

> 　道徳的諸価値についての理解を基に，自己を見つめ，物事を多面的・多角的に考え，自己の生き方についての考えを深める学習を通して，道徳的な判断力，心情，実践意欲と態度を育てる。

　この文章からも、道徳科では価値観の押しつけは求められておらず、1人ひとりが多面的・多角的な思考を通して、道徳的諸価値に対する自分の考えをもつことが求められています。子どもたち1人ひとりが哲学者となり「本当の正義とは何だろうか」という価値に迫る授業が求められているのです。現場で子どもたちと向き合っている先生方ならわかると思いますが、価値をただ押しつけるだけの道徳授業では、子どもたちの心には響きません。

つまり、先述した反対意見のような評価の仕方は求められておらず、子どもたち1人ひとりの考えを肯定的に評価してくことが求められているのです。

② 生活指導と混在した評価はNG！

道徳科の評価文では、子どもたちの日常の行動を評価することはしません。

例えば「いつも友だちにやさしく接することができる」子どもが学級にいたとします。友だちが困っていればさりげなく助けてあげたり、自分よりいつも友だちのことを優先して考えられているような子どもです。

このような子どもであれば、内容項目B「思いやり，感謝」を行動として十分に表現できていると思うのではないでしょうか。

たしかに、解説編でも各教科などで「道徳教育」を行うことは求められています。しかし、「道徳科」の評価自体は、あくまでも道徳科の授業時間内で見られた行動について行わなければいけません。このような日常的な行為を道徳科の評価文に記すわけではないのです。（※これらの評価は、これまで通り「行動の記録」のような欄で記録をつけましょう）

③ 学級活動と混在した評価はNG！

「今、この学級の中で十分にあいさつができていると言えますか？」

道徳科でのこのような発問をあなたはどう考えますか。私は、道徳科をより子どもたちの日常に還元できれば、という教師の思いがあふれていたのだろうと思いました。

しかし、このような授業では、道徳科の毎時間が子どもたちには「懺悔の時間」となり、本来目指すべき目標へ向かえなくなります。

こうした課題は「学級活動を通して，望ましい人間関係を形成し，集団の一員として学級や学校におけるよりよい生活づくりに参画し，諸問題を解決しようとする自主的，実践的な態度や健全な生活態度を育てる。」ことを目標とする「学級活動」で扱いましょう。自分たちの諸問題を解決する態度などを指導するのはあくまでも学級活動の時間なのです。

道徳科の本来の目標は、前頁でも引用した「道徳的諸価値についての理解を基に，自己を見つめ，物事を多面的・多角的に考え，自己の生き方についての考えを深める」ことであることを忘れないようにしましょう。

評価10大原則 ②
「何を評価するのか」を明確にして評価をする

① 「心は目に見えない」からこそ「何を」を明確にする

　算数科や体育科で、子どもたちが身につけるべき学習内容が身についたかどうかを判断することに迷う方は少ないのではないでしょうか。

　算数科であれば「その時間に学習した内容の練習問題が自力でできたかどうか」、体育科であれば「その時間に学習した内容が1人でできたかどうか（例えば、授業の最後に後転が1人でできるかどうか）」など授業の目標を評価基準にできますし、されていることと思います。

　では、道徳科では何を評価すればよいのでしょうか。

　道徳科は、心を育てる授業とも言われていますが、心は目に見えません。つまり「何を評価するのか」をあらかじめきちんと押さえておかないと、曖昧なまま授業をし、曖昧な評価をしてしまうことになるのです。

② 道徳科として、共通するねらいを明確にもつ

　当たり前ではありますが、ねらいと評価は表裏一体です。評価を考える際に、ねらいは外せません。では、道徳科では何をねらいとするとよいのでしょうか。解説編（109頁）には次のように書かれています。

> 　道徳科は，道徳教育の目標に基づき，各教科，外国語活動，総合的な学習の時間及び特別活動における道徳教育と密接な関連を図りながら，計画的，発展的な指導によって道徳性を養うことがねらいである。

　この一文から拾い出してまとめると、

 道徳科の時間では、道徳性を養うことをねらいとしている

ということになります。

　ねらいと評価は表裏一体ですので、「道徳性を養うこと」がねらいならば「道徳性が養われたかどうか」が評価の分かれ目となります。

　しかし、ここでまた疑問がわくと思います。

　そもそも、道徳性って何なのか

こちらも解説編（１０９頁）にて、次のように定義づけられています。

> 　道徳性とは，人間としてよりよく生きようとする人格的特性であり道徳的判断力，道徳的心情，道徳的実践意欲及び態度を諸様相とする内面的資質である。

　つまり、学校教育で行われる道徳科の授業で育てる道徳性とは「人間としてよりよく生きようとする人格的特性」のことであり、それをさらに細かく分けると、次の３つになることがわかります。

- □ 道徳的判断力
- □ 道徳的心情
- □ 道徳的実践意欲及び態度

　図で表すと、右のように構成されているイメージです。

　以上のことについては、本書の第２章（３０頁）にもより詳しく取り上げていますので、合わせてご覧ください。

　なお、教材のねらいに届いていない、ズレていると思われる子どもたちの意見や姿が見られることもありますが、それは当然なことです。教師はねらいをもって授業

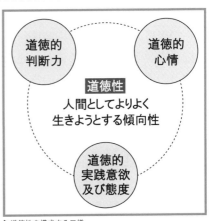
▶道徳性を構成する三様。

に挑みますが、子どもたちの受け取り方はさまざまです。そのことは、きちんと踏まえておきましょう。

評価10大原則 ③
「大くくり」での評価をする

① 全体をひとまとめとする「大くくりな評価」をする

　道徳科の評価で、よくキーワードの1つとして「大くくりな評価」があげられます。解説編（110頁）では次のように登場しています。

> 　個々の内容項目ごとではなく、大くくりなまとまりを踏まえた評価とすること（後略※下線は、筆者による）

　さて、そもそも、この「大くくり」という言葉の意味はどのようなものなのでしょうか。辞書や辞典などで確かめてみましょう。

> ○おおぐくり【大括り】
> 全体を大きくひとまとめにすること。総括。

　つまり、それぞれの内容項目ごとではなく、全体を大きくひとまとめにして評価をするようにと、述べられているのです。これは、45分間のみの授業で子どもたちのさまざまな道徳性の成長を把握することは難しいことだと考えられているからです。では、実際に大くくりを踏まえた評価とは、どのような評価が考えられるのでしょうか。

② 学んだうち、成長が顕著だった教材で評価する

　そうは言っても、現場としては1、2学期という短期間の教材だけで「大きくまとめて評価する」ことをそのまま実践することは、現実問題としてむずかしいです。1、2学期は「積み重ね」、そこから「長期的な視点」で見ることができるのは、3学期以降の話でしょう。
　そこで、それまでの間を評価する方法があります。それが、「全体を大

きくひとまとまりにする」ということを、「学期」や「年間」としてとらえ、数多くの学習の中から特に顕著な変容が見られたものをそれぞれの子どもの評価文でピックアップするという方法です。この方法では、通知表の評価文に「学習した内容項目や教材名」が入ることが特徴です。例えば、
　"「〇〇〇〇（作品名）」の学習では、人に親切にすることの本当の気持ちよさに気がつくことができました。"
というような評価文となります。学期や年間などのたくさんの教材や内容項目のうちどれをえらぶかは教師次第です。その際、「道徳ノート」や「ワークシート（ポートフォリオする）」など、学習を積み重ねられるツールは大切な評価物となります。

③ 時間的な広がりを見て評価する

　それでは、時間的な広がりを見て大くくりに評価する方法はどうするのでしょうか。この考え方では先程とは逆に１単位時間内（４５分、または５０分の授業時間）では見取ることが難しいと思われることを、複数時間を通して評価するのです。この評価文では、子どもたちの実際の行動や学びの姿を記すことになります。例えば、
　"自分の意見と友だちの意見をくらべることで、多面的・多角的な見方をしようとする姿勢を見ることができました。"
などのようになります。こうした評価は、１つの授業内だけ、そのような姿勢で学習していたから記せるものではありません。「学期」や「年間」など、一定のまとまりで子どもの姿を見るからこそ、できる評価になります。

　先ほどの、「学んだうち、成長が顕著だった教材で評価する」との大きな違いは「教材名が入らないこと」が基本になることです。（評価文に教材名を入れるとどうしても一単位時間のみの評価となりがちです。）なので、通知表では１年間の子どもの姿を見おえる３学期が学年末の指導要録（要録の場合は、常体で書く）の評価文として使われる考え方になります。

　そのためには、道徳ノートやワークシートだけでなく、やはり普段の姿もキャッチするように心がけなくてはいけません。教室での態度や表情など、気づいたことはメモするようにするとよいでしょう。

評価10大原則④ 「1単位時間」での評価をする

① 「容易に判断できない」、けれど評価する

　大原則③で出た1単位時間という言葉を考えてみましょう。ここでは特別に、平成27年告示の解説編（105頁）から引用します。

> 　児童の学習状況は指導によって変わる。道徳科における児童の学習状況の把握と評価は，教師が確かな指導観をもち，1単位時間の授業で期待する児童の学習を明確にした指導の計画なくしては行えないことを理解する必要がある。（※下線は、筆者による）

　年間を通した「大くくり」な視点で見ることは道徳科での大前提です。つまりこの文章では、それぞれの1単位時間内での授業ごとでも「ねらい」をしっかりもって指導するようにと書かれているのです。平成29年告示の解説編では、この文章から「1単位時間」がなくなりましたが、現場で実践するうえで大事な視点なので引用しました。
　前頁で引用した平成29年告示の解説編（109頁）の文章には続きがあります。前頁の文章と合わせてその続きを引用してみます。

> 　道徳性とは，人間としてよりよく生きようとする人格的特性であり道徳的判断力，道徳的心情，道徳的実践意欲及び態度を諸様相とする内面的資質である。このような道徳性が養われたか否かは，容易に判断できるものではない。（※下線は、筆者による）

　「道徳性が養われた否かは，容易に判断できるものではない」としてその困難さを示しています。しかし、次の段落では、

> しかし，道徳性を養うことを学習活動として行う道徳科の指導では，その学習状況や成長の様子を適切に把握し評価することが求められる。

「容易に判断できない」にも関わらず、「学習状況を適切に把握し評価すること」を求めています。これが道徳科の評価を困難にしている要因ですが、だからこそ「１単位時間で評価することの必要性」があるのです。

１単位時間で評価することの必要性

「１単位時間で評価することの必要性」にはもう１つ意味があります。

最初に引用した文章冒頭の「児童の学習状況は指導によって変わる。」という文言から考えてみましょう。この文言自体は平成２９年告示の解説編にもありますが、教師の授業のよし悪しで、子どもたちの学習の成果が大きく変わってくるということであり、「よい授業をするかどうかが，子どもたちの学習の成果に大きく影響を与える」ということです。これは、どの教科、どの授業でも言えることでしょう。また、ほとんどの教師が、こうした実感を体験的にもち合わせているのではないでしょうか。

つまり、１単位時間で行う授業は「教師が確かな指導観をもち，１単位時間の授業で期待する児童の学習を明確にした指導の計画なくしては行えない」ということを言っているのです。

ここでの「１単位時間での評価」は、子どもたちへの評価というよりも、教師の授業への評価の意味合いがかなり強くなっています。

図に表すと、以下のような循環をすることで授業がよりよくなっていくイメージです。

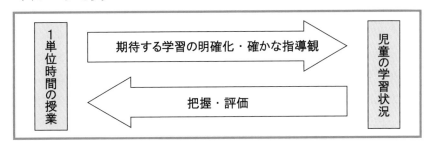

評価10大原則 ⑤
「共感的」な評価をする

① 子どもとの間の「共感的な理解」が前提である

解説編（109頁）には、以下のような子どもたちを評価する大前提とも言えそうなことが書かれています。

> 道徳性の評価の基盤には，教師と児童との人格的な触れ合いによる共感的な理解が存在することが重要である。その上で，児童の成長を見守り，努力を認めたり，励ましたりすることによって，児童が自らの成長を実感し，更に意欲的に取り組もうとするきっかけとなるような評価を目指すことが求められる。

評価の目的の1つに「児童が自らの成長を実感し，更に意欲的に取り組もうとするきっかけ」とするとあります。ただし、その前提には「教師と児童との人格的な触れ合いによる共感的な理解が存在すること」が重要とされています。

日々、教室で子どもたちと授業をしている先生方にとっては当たり前のように思う部分かもしれません。しかし、ここでは、この部分を少し掘り下げて考えてみることで、評価の本質に迫ることにしましょう。

② 何かを為すためには「信頼関係」が大前提になる

映画にもなった『学年ビリのギャルが1年で偏差値を40上げて慶應大学に現役合格した話』（角川文庫）、通称「ビリギャル」はご存知でしょうか。「偏差値30の女子高校生が塾講師・坪田信貴の指導を受け慶応大学に合格するまでの1年半を追った実話」を紹介した有名な書籍ですね。

それでは、偏差値30だったさやかさんを慶応大学に合格させるために

坪田先生が初めにしたこととは、何だったでしょうか。

さやかさんの成績を把握することでしょうか。

どんな人でも成績が上がる勉強法を伝えることでしょうか。

「受験に対する心構え」を熱く語ることでしょうか。

実は、そのどれとも違います。

坪田先生がさやかさんに対してしたこととは、

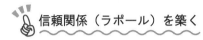
信頼関係（ラポール）を築く

ということです。

坪田先生はさやかさんと信頼関係を築くために、出会いの瞬間からさまざまな仕掛けをしています。

さやかさんは、初めて坪田先生と出会ったときに、決して今から学習するにはふさわしいと言えない格好をしていました。しかし、その姿を見た坪田先生はさやかさんに次のように言います。

「かっこいいなと思って。ぼくにも今風のファッション教えてよ。」

坪田先生はさやかさんとの初対面で、よほどのことがない限り、マイナスな言葉は選ばなかっただろうと思います。それは、これから始まる挑戦には「教師と生徒の信頼関係が大前提となる」ことを坪田先生は知っていたからです。

心理学の世界では、相手との信頼関係を「ラポール」と言います。そして、その人と何かを為すには「ラポールの形成」が欠かせないとされています。どれだけよい授業をしたとしても「教師と子どもとの信頼関係」が築かれていなければ、評価を受ける子どもたちはそれを前向きに受け止め、その後の意欲につなげることはできないということです。

このように、子どもたちには前向きな評価をし、励ましていくことが授業においても評価文を書くときにも大前提となります。しかし、そのためには教師のもつ視点が重要です。「子どもたちのよいところを見つけよう！」「友だちの意見を聞こうとする姿はないかな」など、授業中の子どもたちを認める目をもちましょう。「カラーバス効果」と言って、視点をもって見るだけで、自分が見たいと考えている姿をキャッチしやすくなります。

評価10大原則 ⑥
「記述式」での評価をする

① 道徳科の評価は、慎重であるべきである

　道徳科の学習の評価は数値で行うことはせずに、記述式で行うこととされています。その根拠は、解説編（108頁）にも示されている小学校学習指導要領の第3章の第3の4を引用した文にも書かれています。

> 　「児童の学習状況や道徳性に係る成長の様子を継続的に把握し，指導に生かすよう努める必要がある。ただし，<u>数値などによる評価は行わないものとする。</u>」と示している。これは，道徳科の評価を行わないとしているのではない。道徳科において養うべき道徳性は，児童の人格全体に関わるものであり，<u>数値などによって不用意に評価してはならない</u>ことを特に明記したものである。（※下線は、筆者による）

　その他にも、解説編109頁に「小学校の段階でどれだけ道徳的価値を理解したかなどの基準を設定することがふさわしいとは言えない」など、評価はあくまでも数値などの基準はなく、慎重にするべきものであることが押さえられています。
　しかし、その評価を受ける子どもは、評価をどのように扱うのかという記述については、「児童に確かめさせたり」という言葉のみに留まっています。このあたりも、確かな評価のできやすい他教科との違いであると言えると思います。

② 「事実」を積み重ねて評価する

　道徳科の評価はあくまでも慎重にするべきであるということを前述いたしました。それではどのように記述していくとよいのでしょうか。

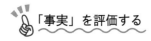「事実」を評価する

　授業中の子どもたちは、私たちさまざまな方法で自分たちの思いや考えを表現しています。代表的な物は発言や、ノートの記述などがそうでしょう。
　教師は、それらの「事実」に対して評価をするのです。
　教師の勝手な主観で考えられた評価文は、学習指導要領や解説編でも否定されている「教師の価値観の押しつけ」と同義になってしまいます。
　ぜひ、子どもたちが諸問題について実際に考えられたことや、それを受けて意欲をもてたことなどを見取り、実際に積み上げた学習実態そのもので評価するようにしましょう。

 通知表と指導要録での評価の違いを知る

　私たち教師が行っている評価のうち、子どもたちや保護者の手に渡るものが「通知表に書く記述式評価」です。教師にとっても子どもにとっても実務的であり、より触れる機会が多いものと思います。
　「指導要録」へ記す評価もあります。こちらの評価については子どもたちや保護者の方の目に触れることは基本的にはありません。
　通知表と指導要録の違いについては次のような点があります。

	通知表	指導要録
文字数	１００文字程度	８０文字程度
表現	より具体的に記述	抽象的な記述
文体	敬体	常体
回数	学期ごと	年度末（１回）

　通知表での評価の中でも１、２学期では教材名を入れ、３学期では１年間で見られた子どもの様子や考えの変化を記すという違いがあります。
　指導要録の評価文の内容は通知表の３学期同様、子どもの様子や考えの変化を記します。また、指導要録は法律上で作成が義務づけられているものですが、通知表に関しては各自治体や学校園が自主的に学習の様子を子どもたちや保護者へ伝えるために作成しているものであり、自治体によって変わるのは法的根拠がないものだからです。
　指導要録で使える評価文例についても、別冊文例集に収録しています。文例自体やその作り方などを参考にしていただければと思います。

評価10大原則 ⑦ 「個人内」での評価をする

① 「相対評価」と「個人内評価」の違いを知る

道徳科の評価は「個人内での評価」が原則となっています。
解説編（110頁）には、次のように書かれています。

> 他の児童との比較による評価ではなく，児童がいかに成長したかを積極的に受け止めて認め，励ます個人内評価として記述式で行うことが求められる。

この文章で出てくる「他の児童との比較による評価」と「個人内評価」を詳しく考えてみましょう。
まずは、「他の児童との比較による評価」の特徴から考えてみますが、こういった評価のことを以前は「相対評価」と呼んでいました。
相対評価というのは、

○相対評価
教育評価の１つで，集団内における相対的位置を明らかにする評定方法。

です。この評価では、5（もしくは3）段階評価を実施した際に、ある段階評価に入れる人数の割合をあらかじめ決めて実施します。
　この評価方法では、集団内での順位が明確になるという長所がある反面、競争を常態化させて勝ち負けの学習観を生み出してしまいます。
　また、子どもの能力や学力が目標に達成したのかどうかが不明になることもあり、子どもの評価のみが評価され、結果に対する教師の指導が点検しにくいことや、小集団や異集団間では、評価自体に信頼性が欠けてしまう、という短所があります。

それに対して個人内評価にはどのような特徴があるでしょうか。

○**個人内評価**

> 児童生徒が自分で行う評価ではない。指導を担当する教師が、一個人の特性を総合的に把握し、理解しようとするために用いられる評価法。また、ある特定の期間や時期における児童生徒の個人内の身体的・精神的なさまざまな特性や能力などを、その個人の内部で比較して行う評価法。

1人ひとりの個性の伸長を図ろうとする立場に立てば、あくまでも個人に即した評価が重要とも言われています。

「他の児童との比較による評価（相対評価）」と「個人内評価」をくらべることで、解説編（１０９頁）にも書かれている「道徳科で養う道徳性は，児童が将来いかに人間としてよりよく生きるか，いかに諸問題に適切に対応するかといった個人の問題に関わるものである。」という言葉の意味が深くとらえられるのではないかと思います。

② その子自身の成長を評価する

「個人内評価」に関する解説編の中の他の文章も見てみましょう。

> 他者との比較ではなく児童一人一人のもつよい点や可能性などの多様な側面，進歩の様子などを把握し，年間や学期にわたって児童がどれだけ成長したかという視点を大切にすることが重要である（後略）

この１０７頁の文章を見ても、他者との優劣をつけることにつながる評価はなじまず、あくまでも個人内での評価をすることが妥当であることがわかります。

道徳科では、「多面的・多角的」というキーワードが打ち出されているように、１つの問いや１つの立場に対してさまざまな答えが引き出されます。

こうした学習である道徳科に、他人と比較するような評価が特になじまないことはすぐに理解していただけるのではないでしょうか。

評価10大原則 ⑧
「他者とは比較しない」で評価をする

① 児童1人ひとりの成長を見取る

大原則⑦の「個人内での評価をする」と似ている部分もありますが、解説編（107頁）には、次のように書かれています。

> 他者との比較ではなく児童一人一人のもつよい点や可能性などの多様な側面，進歩の様子などを把握し，年間や学期にわたって児童がどれだけ成長したかという視点を大切にすることが重要であるとしている。

「他者との比較ではなく児童一人一人のもつよい点や可能性などの多様な側面」とあります。ここではこの文を「多面的・多角的」という視点で考えてみましょう。

②「多面的・多角的」の意味を考える

本書の8頁目の大原則①でも触れましたが、道徳科の時間には「多面的・多角的な視点で物事を考える」ことが求められています。
解説編（16頁）にも引用されている指導要領の文章を引用します。

> 第1章総則の第1の2の（2）に示す道徳教育の目標に基づき，よりよく生きるための基盤となる道徳性を養うため，道徳的諸価値についての理解を基に，自己を見つめ，<u>物事を多面的・多角的に考え</u>，自己の生き方についての考えを深める学習を通して，道徳的な判断力，心情，実践意欲と態度を育てる。（※下線は、筆者による）

このように多面的・多角的に考えることが求められている背景にはいくつかの理由があります。
　まず、授業で扱う教材を通して、考え議論することを経験していくと、一面から物事を見るだけでは解決できない問題にたくさん直面するからです。
　例えば、葛藤場面などでは子どもたちが真剣に考える場面がたくさんあります。その際に、ある一面的な見方だけで考えてしまうと、その課題を解決することができなくなってしまうのです。ですが、授業の中で子どもたちがさまざまな意見に触れることができると、Aという見方、Bという見方、Cという見方があり、それらを合わせたDという見方を生み出したりすることもあるからです。
　そして授業内だけに留まらず、これからの時代を生きる子どもたちが作り出す社会が、１つの価値観だけでなく、多様な価値のもとにつくり出されていることがあげられます。
　これまでの社会は「○○のようにしておけば間違いない」というものの見方が常識となっている場面もありましたが、これからの時代はそのような場面は今よりもさらに減少していくでしょう。そのときに、互いにわかりあうためにも、１つの物事を多方面から見る力が求められるのです。まさに「多面的・多角的な見方」が当たり前の社会とも言えます。

❸ それぞれの人生の価値に、優劣はつけられない

　上記の２点をお読みいただければ、もうおわかりでしょう。
　実際の生活の場面で、人それぞれの生きていく道に「この考え方が絶対に正解」などというものはあり得ないのです。同じ社会を生きていくにも、○○という価値を大切に生きていく人もいれば、△△を大切にして生きていく道もあります。よって「それぞれの人生を比較して優劣を決めるような評価はできない」ということになるのです。
　「他の児童生徒と比較して優劣を決めるような評価はなじまない」ということが、道徳科としての評価の大前提になっていることが、おわかりいただけたでしょうか。

評価10大原則 ⑨
さらに「意欲的」に取り組める評価をする

① 3つの視点をもって評価をする

解説編（109頁）には、次のように書かれています。

> 児童の成長を見守り、努力を認めたり、励ましたりすることによって、児童が自らの成長を実感し、更に意欲的に取り組もうとするきっかけとなるような評価を目指すことが求められる。

それでは、子どもたちが「更に意欲的に取り組もうとするきっかけとなる」評価とは、どのような評価なのでしょうか。子どもたちは、どのような評価を受けることで、そのような状態になるのでしょうか。

それには、次のような視点をもつことが大切です。

- □ 教師として今後の授業につながるような評価
- □ 子どもが受け取ったときに意欲がわくような評価
- □ 保護者にとって、わが子の様子が伝わるような評価

評価文を作成する際には、この3つの視点を意識しながら作成するとよいでしょう。

② 子ども自身の思っていた場面や思わぬ場面での評価で意欲がわく

子どもが受け取ったときに意欲のわく評価とは、どのような評価なのでしょうか。

上記のような評価を踏まえた評価文にするためには、次の2つのようなことが欠かせません。

> ☐ 評価文を読んだときに、いつ、どの場面の自分のことか思い浮かべることができること。
> ☐ 評価文を読んだときに、自分が思いもよらなかった視点で価値づけがされていること。

　１つ目のような評価文を作成するには、当然、教師が子どもたちの姿を「見留める」ことが必要です。「見留める」とは、事実のみではなく、見えていることからその裏側まで見ようとすることです。その子の意見はどんな考え方から出たのか、それは子どもたちの姿や、子どもたちが書いた言葉から、見抜こうとしなければ見えるものではないからです。

　また、２つ目のような評価文も必要です。子どもたち自身が授業中に書いているものから、子どもでは見えない視点を見抜き、教師が言葉にして価値づけするのです。

　これらのような言葉が評価文に添えられたとき、子どもにとって、初めて「さらに意欲的に取り組もうとする」評価となるのです。

③ 保護者を通して子どもに意欲をもたせる

　子どもにとって、家庭内で学校のことを褒められたり価値づけされたりすることは大きな励みとなるものです。それは、道徳科における学習でも変わりはありません。通知表は子どもの成長を期待して書くものではありますが、保護者向けに書くものでもあります。なぜなら保護者の方は必ず、わが子の通知表には、目を通すものだからです。

　その際に、子どもだけでなく読んだ保護者も「おっ！」と思わず目に留まるような評価文を書くことができるように努められるとよいです。

　「書かれている内容が、子どもの書いた意見をもとにしている文章になっているか」などの視点をもっておくとよいです。通知表の文章ではっきりと子どもの事実を浮かべることができたなら、これほど保護者にとってうれしいことはないでしょう。

　保護者が子どもの姿をはっきりと思い浮かべられたなら、きっと保護者はわが子に「がんばっているんだね」と褒めてあげると思います。

　子どもは教師からのみでなく、自身の親からも道徳の授業について褒められることで、より意欲的に授業に向かえるのです。

評価１０大原則 ⑩
「次の指導に生かす」ための評価をする

① 評価は子どもだけでなく、教師も対象としている

　学習指導要領「第１章 総則」の「第４ 指導計画の作成などに当たって配慮すべき事項」の２の（１１）に書かれている次の文章を読んでみましょう。どんなことを感じるでしょうか。

> 　児童のよい点や進歩の状況などを積極的に評価するとともに，指導の過程や成果を評価し，指導の改善を行い学習意欲の向上に生かすようにすること

　この箇所からもわかるように、実は、評価とは次の２つを対象としているのです。

- □ 児童
- □ 指導の過程や成果

　評価という言葉を聞くと「教師→児童」という流れを思い浮かべる人が多いのではないかと思います。ですが、今回の道徳科の評価については、特に「指導の過程や成果」に焦点が当たっていることに、解説編を読むと感じることができると思います。
　特に、解説編（１０９頁）の次の一文にそのことが色濃く出ているのではないかと思います。

> 　児童の学習状況は指導によって変わる。

　短い文ですが、教師にとって責任感を感じさせる一文です。いかに指

導の方法やその結果においても重要さがあるのかが、この一文から感じられるのではないでしょうか。

② 授業に対する評価と授業改善のポイント

解説編（115〜116頁）には、授業改善に関するポイントが指導方法とともに記されています。

> ア 学習指導過程は，道徳科の特質を生かし，道徳的価値の理解を基に自己を見つめ，自己の生き方について考えを深められるよう適切に構成されていたか。また，指導の手立てはねらいに即した適切なものとなっていたか。
> イ 発問は，児童が多面的・多角的に考えることができる問い，道徳的価値を自分のこととして捉えることができる問いなど，指導の意図に基づいて的確になされていたか。
> ウ 児童の発言を傾聴して受け止め，発問に対する児童の発言などの反応を，適切に指導に生かしていたか。
> エ 自分自身との関わりで，物事を多面的・多角的に考えさせるための，教材や教具の活用は適切であったか。
> オ ねらいとする道徳的価値についての理解を深めるための指導方法は，児童の実態や発達の段階にふさわしいものであったか。
> カ 特に配慮を要する児童に適切に対応していたか。

また、以上の改善を行う際に使える工夫も解説編（116頁）に書かれています。ここでは、項目名と要点をまとめて紹介いたします。

> ア 授業者自らによる評価
> 　（記憶、メモ、板書の写真、録音、録画など）
> イ 他の教師による評価
> 　（公開授業、ティーム・ティーチング〔複数の教師が協力して授業を行う指導方法〕など）

このような評価方法については、第4章でさらに詳しく述べていきます。

コラム ❶ やってはいけない道徳 NG 評価文とは？

では、第1章の内容を踏まえたうえで、NG評価文例について考えてみましょう。

ＮＧ「だんだんと優しさが身についてきました。」

ＮＧ「友だちに親切にする心が育ってきました。」

ＮＧ「深い家族愛がみられました。」

これらの評価文は何が悪いのでしょうか。この評価には実は大原則⑦でも紹介した「子どもたちの優劣を決める評価」のような教師の主観が潜在しています。

・「身についてきました」→「それまでは身についていなかった（教師の主観）」

・「〜する心が育ってきました」→「それまでは育っていなかった（教師の主観）」

・「学級の中でも特に」→「学級の中に優劣が存在している（教師の主観）」

ここで大事になるのが、大原則⑥に示した「事実」を記述するということです。授業前の子どもは劣っていて、授業後には必ず育っている、という教師の主観を捨てることが大切です。私が評価文例集に記したものを例にとります。

・「〇〇という気持ちをもつことができました（事実）」

・「〇〇という発言をし、〇〇するという意欲をもつことができました（事実）」

これらは子どもの授業中の発言や、ノートなどから読み取れる「事実」です。この「事実」を積み重ねて、評価をしていくことが大切です。もちろん、子どもたちが授業中に「育つ」こともあると思います。第3章でも示しますが、授業前半と授業後半などで感想を書かせましょう。すると子どもたちが「思っていた」「思っていなかった」という事実をもとに、道徳性の変容を評価することができます。

そして、道徳科においての評価なので、他教科なのか道徳科なのかわからないような記述や授業内でない記述も当然避けなければなりません。

ＮＧ「ノート（ワークシート）にびっしりと意見を書くことができました。」

ＮＧ「話し合い活動では積極的に発言することができました。」

ＮＧ「掃除のときにはいつも学級のためにと一生懸命取り組んでいます。」

ＮＧ「休み時間には、友だちに親切にする姿がいつもみられます。」

これでは、「道徳科」の評価をしているとは言えません。活動を書いた場合は、どのように道徳科としての学習を深められたのかという様子も書くようにしましょう。

詳しくは、本書別冊の評価文例集をお読みいただき、道徳科における評価文とはどんなものなのかということを確認してみてくださいね。

第2章
道徳的諸価値＆内容項目の特徴！

　「道徳科」では、教科化の際にさまざまなキーワードが打ち出されました。「登場人物への自我関与が中心の学習」「問題解決的な学習」「体験的な学習」などの学習法や、「道徳性」を構成する三様と呼ばれる「道徳的心情」「道徳的判断力」「道徳的実践意欲及び態度」などがそうです。
　本章では、それぞれのキーワードと道徳科の評価が、どのようにつながっているのかをご説明します。
　また、学習指導要領にもある道徳科での学習の基本となる「内容項目」の特徴についても、本章で押さえておきましょう。

道徳的諸価値 ①
道徳的心情の特徴
～登場人物への自我関与が中心の学習～

① 「登場人物への自我関与が中心の学習」とつなげて評価する

　第1章で紹介した道徳性を構成する3つのうち「道徳的心情」とは何なのでしょうか。解説編（20頁）には、次のように書かれています。

> 　道徳的心情は，道徳的価値の大切さを感じ取り，善を行うことを喜び，悪を憎む感情のことである。人間としてのよりよい生き方や善を志向する感情であるとも言える。それは，道徳的行為への動機として強く作用するものである。

　これを評価する場面として、「道徳科における質の高い多様な指導方法について（案）」（文部科学省）の中にある「読み物教材の登場人物への自我関与が中心の学習」が挙げられます。そのような授業場面では、

> ☐ ～～のときの気持ちはどのようなものだったでしょう。
> ☐ ○○はどんな気持ちで～～していたのでしょう。
> ☐ ～～した○○は、どんなことを考えていたのでしょう。

と、登場人物の気持ちに迫る場面が多々あるからです。登場人物の気持ちに迫ることで、子どもたちの思考は、善と悪を自然に考えるようになります。そして、子どもたちの心の中から、道徳的心情が自然に表れるのです。

　また、授業終末の場面で、ふり返りや感想を書かせることも有効です。そこでは、その時間でどんなことを子どもたちが感じたのかを把握することができます。

道徳的諸価値 ②
道徳的判断力の特徴
～問題解決的な学習～

 「問題解決的な学習」とつなげて評価する

道徳性を構成する3つのうち「道徳的判断力」とは何なのでしょうか。こちらも、解説編（20頁）を見てみましょう。

> 道徳的判断力は，それぞれの場面において善悪を判断する能力である。つまり，人間として生きるために道徳的価値が大切なことを理解し，様々な状況下において人間としてどのように対処することが望まれるかを判断する力である。的確な道徳的判断力をもつことによって，それぞれの場面において機に応じた道徳的行為が可能になる。

道徳的心情が「感じ取る」ものであったことに対し、「道徳的判断力」は「考え、活用する」ものだと言えます。子どもたちが授業などで得た道徳的諸価値の理解をもとに、どう判断し、どう問題を解決していくのかが大切になります。「道徳科における質の高い多様な指導方法について（案）」（文部科学省）の中では、「問題解決的な学習」が最も多く道徳的判断を評価する場面に出会うことができるでしょう。たとえば、

- ☐ 何が問題になっていますか。
- ☐ 何と何で迷っていますか。
- ☐ ○○（登場人物）はどうしたらよいだろうか。
- ☐ 自分ならどうしただろうか。

など、判断が求められる場面が多々あるからです。

道徳的諸価値 ③
道徳的実践意欲及び態度の特徴
～体験的な学習～

①　「体験的な学習」とつなげて評価する

　ここまで扱ってきた「道徳的心情」「道徳的判断力」そして、本頁で扱う「道徳的実践意欲及び態度」を合わせて、「道徳を構成する諸様相」と呼びます。ここでは、扱うことが最後になった「道徳的実践意欲及び態度」について見てみます。

　解説編（20頁）では、「道徳的実践意欲及び態度」を次のように説明しています。

> 　道徳的実践意欲と態度は，道徳的判断力や道徳的心情によって価値があるとされた行動をとろうとする傾向性を意味する。道徳的実践意欲は，道徳的判断力や道徳的心情を基盤とし道徳的価値を実現しようとする意志の働きであり，道徳的態度は，それらに裏付けられた具体的な道徳的行為への身構えと言うことができる。

　これらを学習に反映させるには「道徳科における質の高い多様な指導方法について（案）」（文部科学省）の中にある「道徳的行為に関する体験的な学習」が最も適しているでしょう。

　体験的な学習とは「役割演技などの体験的な学習を通して、道徳的価値の理解を深め、さまざまな課題や問題を主体的に解決するために必要な資質・能力を養う」ことを目的として実施される授業です。

　体験的な学習では、問題場面を実感をともなって体験する「役割演技」や「道徳的行為」などという学習方法を取ります。

　こういった学習で、授業とは言え実際に体験的に学習しているからこ

そ、授業外の時間でも「やってみよう」という気持ちを子どもたちがもちやすくなります。

 子どもたちの終末場面から評価する

また「道徳的実践意欲及び態度」を評価するには、子どもたちが終末場面で表現することに着目することも有効な手立ての１つです。

終末場面では、「ふり返り」や「感想」を書きます。そこでは子どもたちから次のような言葉が出てくることがあります。

> □ 自分も、（登場人物）のように〜〜してみようと思いました。
> □ これから、〜〜したいと思いました。
> □ 今までの自分は△△だったけど、これからは〜〜していきます。

もちろん、こうしたことを書くだけでなく、授業中に発言していたり、そのような様子がうかがえたりすれば、同様に子どもたちの「道徳的実践意欲及び態度」が見られたことになります。こうした場面では、積極的に子どもたちの姿を見留めていく必要があるのです。

ちなみにこの言葉には「意欲」と「態度」という言葉が並んでいます。この２つの言葉の違いについて、辞書や辞典などで意味を確認すると概ね次のように書かれています。

○意欲

　進んで何かをしようと思うこと。また、その心の働き。

○態度

　物事に対したときに感じたり考えたりしたことが、言葉・表情・動作などに現れたもの。

「意欲」はその気持ちをもちつつも行為としてはまだ潜在している状態であり、「態度」はその気持ちが行為として顕在している状態と言えます。

このような２つの視点を教師がもつことで、子どもたちを見留める視点がはっきりとしてきます。

内容項目①「A 主として自分自身に関すること」の特徴

① 「A 主として自分自身に関すること」を知る

　道徳科では、指導すべき内容項目がA、B、C、Dの4つの視点に分けられており、さらにその中で「第1学年及び第2学年」「第3学年及び第4学年」「第5学年及び第6学年」という学年段階に分けられています。
　このうち、一番初めに来ているのが「A 主として自分自身に関すること」です。解説編（23頁）では、次のように書かれています。

> 　自己の在り方を自分自身との関わりで捉え、望ましい自己の形成を図ることに関するものである。

　それでは、「A 主として自分自身に関すること」は、どのような内容項目があるのでしょうか。
　第1学年及び第2学年、第3学年及び第4学年が5つ、そして第5学年及び第6学年では新たに「真理の探究」が含まれ6つとなっています。
　また、各学年の発達段階を考慮して、同じ内容項目でも「指導の観点」の文章が変わっています。
　評価の際には、各学年の内容項目の内容をくらべてみることで、「今の学年では何をねらいとするべきか」が見えてきます。授業のねらいを適切にするためにも、指導の観点をくらべて読むことを忘れないようにしましょう。ポイントは、同じ内容項目の指導の観点でも、各学年での「違いは何か」という視点です。そのように見ることで、評価文を書く際にその学年で使うべき言葉が何かをつかめたり、教師自身の授業を評価する際にも評価しやすくなります。
　各内容項目の概要は、解説編（28-39頁）も参照してください。

●第1学年及び第2学年（5項目）

内容項目	指導の観点
善悪の判断，自律，自由と責任	（1）よいことと悪いこととの区別をし，よいと思うことを進んで行うこと。
正直，誠実	（2）うそをついたりごまかしをしたりしないで，素直に伸び伸びと生活すること。
節度，節制	（3）健康や安全に気を付け，物や金銭を大切にし，身の回りを整えわがままをしないで，規則正しい生活をすること。
個性の伸長	（4）自分の特徴に気付くこと。
希望と勇気，努力と強い意志	（5）自分のやるべき勉強や仕事をしっかり行うこと。

●第3学年及び第4学年（5項目）

内容項目	指導の観点
善悪の判断，自律，自由と責任	（1）正しいと判断したことは，自信をもって行うこと。
正直，誠実	（2）過ちは素直に改め，正直に明るい心で生活すること。
節度，節制	（3）自分でできることは自分でやり，安全に気を付け，よく考えて行動し，節度のある生活をすること。
個性の伸長	（4）自分の特徴に気付き，長所を伸ばすこと。
希望と勇気，努力と強い意志	（5）自分でやろうと決めた目標に向かって，強い意志をもち，粘り強くやり抜くこと。

●第5学年及び第6学年（6項目）

内容項目	指導の観点
善悪の判断，自律，自由と責任	（1）自由を大切にし，自律的に判断し，責任のある行動をすること。
正直，誠実	（2）誠実に，明るい心で生活すること。
節度，節制	（3）安全に気をつけることや，生活習慣の大切さについて理解し，自分の生活を見直し，節度を守り節制に心掛けること。
個性の伸長	（4）自分の特徴を知って，短所を改め長所を伸ばすこと。
希望と勇気，努力と強い意志	（5）より高い目標を立て，希望と勇気をもち，困難があってもくじけずに努力して物事をやり抜くこと。
真理の探究	（6）真理を大切にし，物事を探究しようとする心をもつこと。

※上記の表は解説編（26－27頁）から引用したものです。なお、上記の表の「指導の観点」冒頭の（　）内の番号は、学習指導要領で示されている学年ごとの内容項目の番号となっています。ただし、同じ番号でも、学年ごとで内容項目のあるなし（例えば、「真理の探究」は、第5学年及び第6学年のみなので、この学年のみ（6）まで番号がある）で次頁以降の番号が異なってくるので、注意が必要です。

上記のように、学年で内容項目の数に差があるので、A以降のB、C、Dに関しても各学年でそれぞれの項目数や同じ名前の内容項目でも記されている番号が違ってきます。

内容項目②
「B 主として人との関わりに関すること」の特徴

「B 主として人との関わりに関すること」を知る

　内容項目のBは「B 主として人との関わりに関すること」となっています。解説編（23頁）には、次のように書かれています。

> 　自己を人との関わりにおいて捉え，望ましい人間関係の構築を図ることに関するものである。

　内容項目Aが自分自身のことだったのに対し、対象が外に広がった内容項目Bは相手との関わりに関することです。どのような人との関わりが例示されているかと言うと、「身近な人」「家族」「友達」「高齢者」といった日常生活において身近に触れ合うことのある人々が例示されています。（それよりも、広い人間関係については、次の「C 主として集団や社会との関わりに関すること」で扱われています。）

　「B 主として人との関わりに関すること」では、第1学年及び第2学年で4つ、第3学年及び第4学年で5つ、第5学年及び第6学年も5つの内容項目がそれぞれ扱われています。

　指導の観点を読みくらべることで、学年が上がるにつれて、子どもたちに気づいてもらう対象の範囲が段々と広がっていることがわかると思います。例えば「親切，思いやり」では、低：「身近にいる人」、中：「相手のこと」、高：「誰に対しても」のようにです。

　学年が上がるにつれて、使用されている言葉がどう変化するのか、意識的にとらえるようにしてみてください。各学年で、評価文にどのような言葉や文を入れるとよいかがわかるようになります。

　各内容項目の概要は、解説編（40-49頁）も参照してください。

●第1学年及び第2学年（4項目）

内容項目	指導の観点
親切，思いやり	（6）身近にいる人に温かい心で接し，親切にすること。
感謝	（7）家族など日頃世話になっている人々に感謝すること。
礼儀	（8）気持ちのよい挨拶，言葉遣い，動作などに心掛けて，明るく接すること。
友情，信頼	（9）友達と仲よくし，助け合うこと。

●第3学年及び第4学年（5項目）

内容項目	指導の観点
親切，思いやり	（6）相手のことを思いやり，進んで親切にすること。
感謝	（7）家族など生活を支えてくれている人々や現在の生活を築いてくれた高齢者に，尊敬と感謝の気持ちをもって接すること。
礼儀	（8）礼儀の大切さを知り，誰に対しても真心をもって接すること。
友情，信頼	（9）友達と互いに理解し，信頼し，助け合うこと。
相互理解，寛容	（10）自分の考えや意見を相手に伝えるとともに，相手のことを理解し，自分と異なる意見も大切にすること。

●第5学年及び第6学年（5項目）

内容項目	指導の観点
親切，思いやり	（7）誰に対しても思いやりの心をもち，相手の立場に立って親切にすること。
感謝	（8）日々の生活が家族や過去からの多くの人々の支え合いや助け合いで成り立っていることに感謝し，それに応えること。
礼儀	（9）時と場をわきまえて，礼儀正しく真心をもって接すること。
友情，信頼	（10）友達と互いに信頼し，学び合って友情を深め，異性についても理解しながら，人間関係を築いていくこと。
相互理解，寛容	（11）自分の考えや意見を相手に伝えるとともに，謙虚な心をもち，広い心で自分と異なる意見や立場を尊重すること。

※「相互理解，寛容」は、第3学年及び第4学年、第5学年及び第6学年のみで、第1学年及び第2学年にはありません。注意が必要です。

内容項目 ③
「C　主として集団や社会との関わりに関すること」の特徴

① 「C　主として集団や社会との関わりに関すること」を知る

内容項目のCは「C　主として集団や社会との関わりに関すること」となっています。解説編（23頁）には、次のように書かれています。

> 自己を様々な社会集団や郷土，国家，国際社会との関わりにおいて捉え，国際社会と向き合うことが求められている我が国に生きる日本人としての自覚に立ち，平和で民主的な国家及び社会の形成者として必要な道徳性を養うことに関するものである。

内容項目Bよりも、さらに対象が広がった内容項目Cは集団や社会との関わりに関することです。どのような集団や社会との関わりが例示されているかと言うと、内容項目Bの身近な人に留まらず、「先生」「我が国の人々」「他国の人々」といった広く触れ合うことになる人々や「郷土の文化」や「他国の文化」などが例示されています。

「C　主として集団や社会との関わりに関すること」では、第1学年及び第2学年、第3学年及び第4学年、第5学年及び第6学年、とそれぞれ数は変わらず、7つの内容項目が扱われています。

これまでと同様、指導の観点も読みくらべますが、今回は同じキーワードに着目をする方法を紹介します。よく見ると学年が変わって文章が複雑になっても、同じキーワードがあることに気がつくと思います。例えば「国際理解，国際親善」では「他国の人々や文化」という言葉です。

こうしたことをつかんでいくことで小学校6年間のうち何をキーワードにして、評価文を作成するとよいかが見えてきます。

各内容項目の概要は、解説編（50－63頁）も参照してください。

●第1学年及び第2学年（7項目）

内容項目	指導の観点
規則の尊重	(10) 約束やきまりを守り，みんなが使う物を大切にすること。
公正，公平，社会正義	(11) 自分の好き嫌いにとらわれないで接すること。
勤労，公共の精神	(12) 働くことのよさを知り，みんなのために働くこと。
家族愛，家庭生活の充実	(13) 父母，祖父母を敬愛し，進んで家の手伝いなどをして，家族の役に立つこと。
よりよい学校生活，集団生活の充実	(14) 先生を敬愛し，学校の人々に親しんで，学級や学校の生活を楽しくすること。
伝統と文化の尊重，国や郷土を愛する態度	(15) 我が国や郷土の文化と生活に親しみ，愛着をもつこと。
国際理解，国際親善	(16) 他国の人々や文化に親しむこと。

●第3学年及び第4学年（7項目）

内容項目	指導の観点
規則の尊重	(11) 約束や社会のきまりの意義を理解し，それらを守ること。
公正，公平，社会正義	(12) 誰に対しても分け隔てをせず，公正，公平な態度で接すること。
勤労，公共の精神	(13) 働くことの大切さを知り，進んでみんなのために働くこと。
家族愛，家庭生活の充実	(14) 父母，祖父母を敬愛し，家族みんなで協力し合って楽しい家庭をつくること。
よりよい学校生活，集団生活の充実	(15) 先生や学校の人々を敬愛し，みんなで協力し合って楽しい学級や学校をつくること。
伝統と文化の尊重，国や郷土を愛する態度	(16) 我が国や郷土の伝統と文化を大切にし，国や郷土を愛する心をもつこと。
国際理解，国際親善	(17) 他国の人々や文化に親しみ，関心をもつこと。

●第5学年及び第6学年（7項目）

内容項目	指導の観点
規則の尊重	(12) 法やきまりの意義を理解した上で進んでそれらを守り，自他の権利を大切にし，義務を果たすこと。
公正，公平，社会正義	(13) 誰に対しても差別をすることや偏見をもつことなく，公正，公平な態度で接し，正義の実現に努めること。
勤労，公共の精神	(14) 働くことや社会に奉仕することの充実感を味わうとともに，その意義を理解し，公共のために役に立つことをすること。
家族愛，家庭生活の充実	(15) 父母，祖父母を敬愛し，家族の幸せを求めて，進んで役に立つことをすること。
よりよい学校生活，集団生活の充実	(16) 先生や学校の人々を敬愛し，みんなで協力し合ってよりよい学級や学校をつくるとともに，様々な集団の中での自分の役割を自覚して集団生活の充実に努めること。
伝統と文化の尊重，国や郷土を愛する態度	(17) 我が国や郷土の伝統と文化を大切にし，先人の努力を知り，国や郷土を愛する心をもつこと。
国際理解，国際親善	(18) 他国の人々や文化について理解し，日本人としての自覚をもって国際親善に努めること。

内容項目 ④
「D 主として生命や自然，崇高なものとの関わりに関すること」の特徴

① 「D 主として生命や自然，崇高なものとの関わりに関すること」を知る

　内容項目のDは「D 主として生命や自然，崇高なものとの関わりに関すること」となっています。解説編（23頁）を見てみましょう。

> 自己を生命や自然，美しいもの，気高いもの，崇高なものとの関わりにおいて捉え，人間としての自覚を深めることに関するものである。

　内容項目Dは生命や自然、崇高なものとの関わりに関することということで、これまで以上に対象が広がり抽象的にもなります。Dについては、A・B・Cとくらべて、扱われる内容と自分との心理的な距離が格段に遠くなっています。それは、扱われている対象が「生命」「自然」「感動」「畏敬」と、目には見えない部分を含むものが多くあるからです。
　「D 主として生命や自然，崇高なものとの関わりに関すること」では、第１学年及び第２学年で３つ、第３学年及び第４学年でも３つ、第５学年及び第６学年では「よりよく生きる喜び」が入って４つの内容項目が扱われています。
　これらの概念は子どもたちとの距離が心理的にも遠くなる分、評価文に使用する言葉にも迷いが出やすいかもしれません。そんなときには、やはりこの右頁に引用した表を参照して、評価したい内容項目の指導の観点を見直すようにしてください。
　指導の観点に使われている言葉を評価文に入れ込むことで、指導内容とズレのない評価文を作成することがしやすくなります。
　各内容項目の概要は、解説編（64－71頁）も参照してください。

● 第1学年及び第2学年（3項目）

内容項目	指導の観点
生命の尊さ	(17) 生きることのすばらしさを知り，生命を大切にすること。
自然愛護	(18) 身近な自然に親しみ，動植物に優しい心で接すること。
感動，畏敬の念	(19) 美しいものに触れ，すがすがしい心をもつこと。

● 第3学年及び第4学年（3項目）

内容項目	指導の観点
生命の尊さ	(18) 生命の尊さを知り，生命あるものを大切にすること。
自然愛護	(19) 自然のすばらしさや不思議さを感じ取り，自然や動植物を大切にすること。
感動，畏敬の念	(20) 美しいものや気高いものに感動する心をもつこと。

● 第5学年及び第6学年（4項目）

内容項目	指導の観点
生命の尊さ	(19) 生命が多くの生命のつながりの中にあるかけがえのないものであることを理解し，生命を尊重すること。
自然愛護	(20) 自然の偉大さを知り，自然環境を大切にすること。
感動，畏敬の念	(21) 美しいものや気高いものに感動する心や人間の力を超えたものに対する畏敬の念をもつこと。
よりよく生きる喜び	(22) よりよく生きようとする人間の強さや気高さを理解し，人間として生きる喜びを感じること。

※「よりよく生きる喜び」は，第5学年及び第6学年のみで，第1学年及び第2学年、第3学年及び第4学年にはありません。注意が必要です。

コラム ❷ 低・中・高学年のそれぞれの特徴とは？

　学習指導要領の道徳に関するページでも、低・中・高に分けて内容項目に関することが書かれています。それは、低・中・高というカテゴリーで、それぞれに発達段階の違いが見られるからです。
　ここでは、低・中・高学年の子どもたちの特徴と道徳科との関わりについて見てみましょう。

【低学年】
　より素直な時期であり、登場人物への自我関与なども抵抗なく実施することができる。「登場人物の〇〇さんの気持ちを考えてみよう」という課題に対しても、すんなりと学習に取り組むことができる。また、役割演技など体験的な学習でも、登場人物になりきることに対しての抵抗が少なく、実施することで効果を得やすい時期と言える。

【中学年】
　低学年の特徴である素直さに合わせて、論理的に物事を考えることができるようになってくる時期であると言える。登場人物への自我関与を扱う学習での効果を高められるとともに、話し合い活動でも効果を発揮することができ始めるようになる。自我関与が中心の学習に合わせて問題解決的な学習でも効果を発揮することができやすいと言える。

【高学年】
　心情理解よりも論理的に物事をとらえることが中心となってくる。心情理解をもとにした話し合い活動などで効果を発揮することができる。また、友だちの意見を自分に取り入れるという学習でもより効果を発揮することができる。問題解決的な学習でも、話し合い活動を通して、より深い意見をそれぞれがもつことができるようになってくる。

　もちろん、これらはあくまでも「一般的に」ということですので、それぞれの子どもたちによっても違いは見られます。その点にはご留意くださいね。
　これらの学年の発達段階を考慮して、授業を組み立てたり評価の視点をもってみましょう。見立てることで、より子どもたちのがんばる姿をキャッチすることができるようになりますよ。

第3章
見取りの観点と評価の具体策！
～別冊・評価文例集対応～

　本章では、道徳科の授業場面別での見取り＆評価の要素を8つに分けたものと、道徳科の授業タイプ別（「登場人物への自我関与が中心の学習」「問題解決的な学習」「体験的な学習」）での見取り＆評価の要素を4つに分けたものを収録しています。そして、それぞれの観点で評価するにあたってのポイントと、実際に現場で評価する際の具体策を示しています。

　本章の内容と対応している別冊に収録した評価文例を合わせてお読みいただき、実際の評価にお役立てください。

授業場面別での具体策 ❶
授業のねらいから見取る

① 「ねらい」を鮮明につかむことが大事

解説編（109頁）に書かれている一文を引用します。

> 児童の学習状況は指導によって変わる。道徳科における児童の学習状況の把握と評価については、教師が道徳科における指導と評価の考え方について明確にした指導計画の作成が求められる。

この文の文言からも、まずは教師が「授業で何を教えるのか」という「ねらい」を考え、それを鮮明につかんでおくことが求められています。

「ねらい」がはっきりすることで、授業中の子どもたちの何を評価すればよいのかが明確になってきます。

そのためにはその教材の「ねらい」を適切に把握することが必要です。自分の言葉でねらいを立てられるような授業を実施したとき「ねらいの重要性」「ねらいと評価の関係性」を実感することができるでしょう。

② 評価の具体策①　〜ねらいを生かす〜

では、授業のねらいを生かした評価の具体策には、どのようなものがあるでしょうか。代表例として道徳ノートを活用する方法があります。

道徳ノートの特徴として、次のようなものが挙げられます。

- ☐ 教科書教材のねらい・発問とノートの構成が合致している。
- ☐ カラーでつくられており、子どもたちにとっても興味関心をもって取り組むことができる。
- ☐ （教科書会社によっては）授業終盤のアンケートがついている。

これらのよさの中で特に、ねらいを生かして評価する際に活用できるポイントが次です。

👆 指導書に書かれているねらいに沿って、中心発問が設定されている

当然ですが、道徳ノートと指導書のねらいは連動しています。それをうまく活用することで、ねらいをうまく評価へと生かすということが無理なくできます。

また、道徳ノートがない場合には、指導のねらいを外さないような発問を考えるようにしましょう。難しい場合は、教科書に掲載されている発問を使うことでも、ねらいから外れた授業にはなりません。

そうした指導を通して、子どもたちの思考の奥にある深い意見を引き出すこともできるでしょう。

なお、授業のねらいを自分で設定することもあるでしょう。「ねらいと評価は表裏一体」と言われるように、自分のつくったねらいであれば、子どもたちに適切な評価を与えられるねらいかどうかを十分に確認する必要があるので、留意しましょう。

通知表用に評価文を作成する際は、次のフォーマットを使うことで、子どもの意見を取り入れた評価文を作成することができます。

> お話「〇〇〇〇」では、～～～～（中心発問や授業のねらいを参考に）を考えることを通して、△△△△（子どもの意見や子どもの様子）と気がつくことができました。

これはこの章で紹介する評価方法のほとんどで使えるフォーマットです。どのように使われているかは文例集と合わせてご確認ください。

下記は、前半は授業のねらいをもとに、後半はその教材を通して見られた子どもの様子をもとに作成した文例です。

●「授業のねらいから見取る」の評価文例（別冊・文例集に収録）
お話「〇〇〇〇」では、物の使い方を丁寧にすることが物を大切にすることにつながることに気づき、身近なものを大切にしていこうとする姿を見ることができました。

授業場面別での具体策 ❷
教材との出会いから見取る

① 主たる教材である教科書に関連した評価をする

道徳が教科化されたことにより、

検定教科書の作成

が行われました。それまでは補助教材に分類される「副読本」を活用してきましたが、今回の教科化により「検定教科書」ができたのです。

教科書となると、副読本とは違い、学校教育法第３４条で定められた法律で、「小学校においては、文部科学大臣の検定を経た教科用図書又は文部科学省が著作の名義を有する教科用図書を使用しなければならない。」と定められています。（これは、中学校や高等学校でも同様です）

では、必ず扱わなければならない教科書に関連させる評価というのは、どのようにしていけばよいのでしょうか。

その有効な方法として「道徳見つけ」があります。「道徳見つけ」は『道徳読み―教科書を使う道徳の新しい授業法』（さくら社）で紹介されている横山験也先生（さくら社代表取締役）が開発した指導方法です。

やり方は簡単です。教科書の教材文を、道徳という視点で子どもたちに読ませ、「よいなぁと思ったところには○、よくないなぁと思ったところには×、よいのか悪いのかどちらだろうと思ったところには△をつけましょう。」と指示し、言葉や文に記号をつけさせていきます。

そして、記号をつけた言葉には、道徳的諸価値や内容項目に関するような言葉（勇気や家族愛など）を書き込ませましょう。

５分程度でその作業をおえたら「なぜ、その記号をつけましたか。」と記号をつけた理由を聞くことで、子どもたちがどのようにこの教材と出会って感じたのかを把握することができます。

この「道徳見つけ」を継続することで、子どもたちの道徳を見つける目が育っていき、評価もしやすくなります。

② 評価の具体策②　～教材との出会いを生かす～

　教材との出会いから評価するための具体策として、例えばワークシートが活用できます。なぜ、ワークシートが適しているのかというと、ワークシートの特徴である、

教師の工夫を盛り込むことができる

からです。ワークシートを使用する際、教師が自作することも多いと思うので、次のような工夫を盛り込むことができます。

> ☐ 友だちの意見を書くスペースを設ける。
> ☐ １時間の最後に、作成者の独自の観点を入れ込んだアンケートをつけられる。
> ☐ 自我関与の学習を効果的に進めるために、吹き出しを活用するなど、教材にあったデザインができる。

　これらの工夫だけでも評価するときの観点が見えやすくなるのですが、さらに次の項目もワークシートに盛り込んでみましょう。

子どもたちの見つけた「道徳見つけ」での意見を書き込む欄

　左ページで紹介した「道徳見つけ」は教科書に書き込む方法が一般的なのですが、ワークシートに書き込ませることで、子どもたちの見つけたものやその感想などを１枚の紙にまとめることができます。子どもたちの思考が見える化でき、評価する際にもとても便利です。

　下記は、前半は子どもが見つけた「道徳」をもとに、後半はそこから子どもが感じたことをもとに作成しました。

●「教材との出会いから見取る」の評価文例（別冊・文例集に収録）
　お話「〇〇〇〇」を読み、何度失敗してもあきらめずに挑戦する主人公の姿から努力のよさに気づき、自分も進んで努力しようという意欲をもつことができました。

授業場面別での具体策 ❸
授業で扱う中心発問から見取る

① 「中心発問」は最も評価に関係する場面である

次の発問は、いずれも「中心発問」と呼ばれている発問です。

> ☐ 「精いっぱい生きる」とは、何を大切にして生きることなのでしょう。
> ☐ ○○たちが、「〜〜のよさをみんなに教えてあげようよ。」と言ったのは、どんな思いからでしょう。
> ☐ どんな思いから、○○は自分のしたことを△△に打ち明けたのでしょう。

上の３つの発問を見てもわかるように「中心発問」はその時間に扱う価値について最もせまる発問となります。つまり、「中心発問」を問う場面というのは、子どもたちの学習を評価することが最も多い場面と言ってもいいでしょう。

その授業時間で扱う価値について問われる「中心発問」は、授業のねらいを達成するために発問する場合がほとんどでしょう。中心発問とねらいは密接につながっているのです。

また、「導入」や「中心発問までの学習（範読や補助発問、道徳見つけなど）」は、「中心発問で子どもたちの思考をより深める」ということを達成するための、事前準備といっても差し支えありません。

さらに、子どもたちの学習を深めるための教材や教具を使用する場面も中心発問の場面がほとんどです。子どもたちがじっくりと自分の意見を書く時間を取り入れるのも、中心発問の場面ではないでしょうか。

「中心発問」はその言葉の通り、授業の中心なのです。

② 評価の具体策③ 〜中心発問を生かす〜

　中心発問を評価するための具体策には、いくつかの方法があります。代表的なものは、ワークシートや道徳ノートなどによる記述による評価です。この２つは、子どもたちが書いたものがそのまま残るので、授業後にでも時間をかけて評価することができます。また、その授業の最も深く考えたい場面が中心発問ですので、子どもたちからさまざまな意見を聞くことができます。

　また、中心発問をもとに話し合い活動をすることも少なくないのではないでしょうか。話し合い活動のときには、

> □ 発言
> □ その子自身の様子（聞く姿勢、向けているまなざしなど）

などから、その子の様子を評価することも可能です。

　ただ、書く活動の場面とは違って、話し合い活動の場面では、言葉だけのやり取りで可視化されていない「空中戦」になり、その場で子どもたちの様子や言動などを見取ることになります。あとでじっくりと……とはいかないので、子どもたちをよく観察するようにしましょう。

　その際、「あっ！これは！」と思ったときにはどれだけ短くてもよいので、必ず付箋などにすぐメモをするようにしておきましょう。

　メモは、「丸岡くんが意見を聞いている」であれば、「ＭＩＫ」（Ｍ：丸岡くん、Ｉ：意見を、Ｋ：聞いている）などと瞬時にメモできるような工夫を考えておきましょう。そして、授業後にそのメモから、さらに少しでも思い出して詳しく書いて記録するようにしてみましょう。

　そうすることで評価文を書くときにもぐっと楽になります。

　下記は、前半は授業で扱う中心発問をもとに、後半は子どもの意見や考えをもとに作成しました。

●「授業で扱う中心発問から見取る」の評価文例（別冊・文例集に収録）

> お話「〇〇〇〇」を読み、正直に言わなければいけないと思っているときにはどんな気持ちだったのかを考えることを通して、正直に話すことのよさについて考えることができました。

授業場面別での具体策 ❹
授業の感想から見取る

① 「感想」では思いもよらない思いに触れられる

みなさんは、道徳授業の終末には、感想を書かせていますか。
「時間がなくてなかなか……。」
「何を書けばよいのかわからないという子どもがいてなかなか……。」
そんな声も聞こえてきそうですが、それでも「感想」はできる限り書かせるべきです。それも、時間をしっかりと確保して、十分に書く時間をあげましょう。なぜなら授業の感想は、子どもたちの本音の部分がもっとも表れる部分でもあるからです。次の文を見てください。

> 私たちは普段からたくさんの人たちに支えてもらっています。お父さん、お母さん、兄弟、おじいちゃん、おばあちゃん、先生、漁師さん、農家さん、友だち……。多くの人とつながっています。だからこそ、感謝の言葉はしっかりいいたいと思っています。私も、このお話のおばあちゃんのように、小さなことでも、恩を返したいなと思います。

先ほどの「中心発問」に答える場面とはまた違った子どもたちの思いがあふれてくるのが、この「感想」の場面です。ここでは、思ってもみなかったような子どもの思いに触れられることがよくあるのです。
くり返し書くことで、書けなかった子が書けるようになったり、長く書くことができるようになったりと変容していきます。

② 評価の具体策④ ～授業の感想を生かす～

あなたは授業の感想を、何に書かせますか。
これまでに活用してきた道徳教科書についている道徳ノートでは、感

想を十分に書く欄が設けられていません。子どもたちに感想を書かせる場合は、それ以外のワークシートや方眼ノートが挙げられます。

　実際に感想を書かせる際には、私はあえて特にテーマは設定しないようにしています。「今日の道徳授業の感想を書きましょう」と子どもたちに指示をするのです。これはあえてテーマをもたずに書く方が、子どもたちのありのままの感性が感想に表れると考えるからです。ただ、まだ子どもたちが慣れていないときには、「学びになったことを書く」「友だちの意見やお話の内容などを勉強になったと思うことを含めて書く」など指示するようにしましょう。そして、

長く書かせる

ということは意識させた方がよいでしょう。

　どの学年でも長く書くことに抵抗を示す子どもは多くいます。それでも、書かせ続けることで、だんだんと子どもたちが感想を書くことに慣れていきます。そうなるまでしばらく続けて取り組むことが大切です。

　「5行以上は」「ノート半分は」など、子どもたちに具体的な量を指定してもいいでしょう。ときには、「ノート1ページ」などという条件をつけることで、より感想を書くレベルが上がってきます。毎回でなくてもいいので、時折そんなことにチャレンジしてみてください。

　どうしても書くことが難しい子どもには、「今日の授業で勉強になったと思うことは？」「だれの意見がいいなと思った？」「（中心発問を）どう思う？」などと直接聞き取るなどの対応もし、記録を忘れないようにしましょう。

　下記は、前半は子どもの感想をもとに、後半はその感想から見られる子どもの成長をもとに作成しています。

● 「授業の感想から見取る」の評価文例（別冊・文例集に収録）

> お話「〇〇〇〇」の学習では、「自分のダメなところではなく、〇〇さんのように自分のよいところへ向けたい」と感想をもち、自分のよいところを伸ばそうという気持ちをもつことができました。

授業場面別での具体策❺
授業後に期待される行動から見取る

① 授業後を授業で期待される行動を評価する

道徳科では、次のことを養うことが目指されています。

 道徳的実践意欲及び態度

もちろん、道徳科で学習したことすべてを子どもたちの意欲や態度につなげられるわけではありません。ですが、授業で学んだことを実際の生活に役立てていくことも大切なことです。そのようなことも期待されていると思います。ただし、道徳科で「評価する範囲」はあくまでも「45分間の授業の中」です。この「道徳的実践意欲及び態度」も、45分間の中で見て取れる姿を見取っていくことが大切です。

しかしそうは言っても、45分間の中だけで子どもたちのすべての姿が見られるわけではありません。そこで、

 「期待される行動」を評価していく

子どもたちの意見や感想から「この授業をきっかけに友だちとより公平に接することができそうだな」などと、授業で感じられる部分を評価していくのです。そのような評価であれば、45分間の中の子どもたちの言葉や行動から「授業後」を見取っていくことが可能となります。

授業の中でも子どもたちの見せる「授業後に期待する姿」をぜひキャッチしてあげてください。

② 評価の具体策⑤ 〜期待される行動を生かす〜

それでは、どのようにして授業後に期待される行動を評価していくのでしょうか。例えば、次のような方法が考えられます。

終末発問や感想に授業後の行動への意欲を記している

終末発問や感想で子どもたちが道徳授業の後に取りたい自分自身の行動を記していることがあります。それらを活用して授業後に期待される行動として評価してもよいでしょう。その際には、主に実践意欲や態度が表れている部分を中心に評価していくこととなります。

休み時間にも話し合っている

授業での話し合いが真剣であれば真剣であるほど、その授業後の休み時間まで話し合うような子どもたちが出てきます。そうした姿や、話し合っている内容を評価に活用してもよいでしょう。

話し合いは友だち同士との場合もあれば、先生を交えて議論をする場合もあります。そうした場面に出会ったときには、会話の簡単な記録（メモなど）を残すことを忘れないようにしておきましょう。

家に帰ってからも話し合っている

学校から帰ってからも道徳授業について話し合うことがあります。

1つは「宿題などで道徳授業の感想を書かせる」ことです。授業時間内でも感想を書いていたとしても、家に戻ってから書かせると、違う思いに触れることができてまた違った内容を書くことがあります。

また、おうちの人と子どもたちが道徳授業の学習内容について話し合うこと（意図的に宿題のメニューとしても良いでしょう）もあります。家で書く感想には、そんな内容が自然と表れていることもあります。

宿題として書いていない場合でも、翌日「昨日、お母さんとこんな話をしたよ」というように教師に話してくれる子もいます。そんなときにも、ぜひ、簡単にでも記録を残すようにしておきましょう。

下記は、中心発問や終末発問・感想などをもとに作成しています。
● 「授業後に期待される行動から見取る」の評価文例 (別冊・文例集に収録)
お話「〇〇〇〇」を学習し、主人公の正直に行動する姿に共感し、自分も正直な姿でいたいと正直に生きようとすることへの意欲をもつことができました。

授業場面別での具体策 ❻
子どもたちの変容から見取る

① 道徳科授業での「変容」とは何かをおさえる

　授業には必ずねらいが存在します。
　ということは、授業には目指すべき方向があり、授業前の子どもと授業後の子どもでは、何らかの「変容」を求めるために授業は行われると考えられます。（もちろん、教師の価値の押しつけはしません）
　図で示すと、次のようになります。

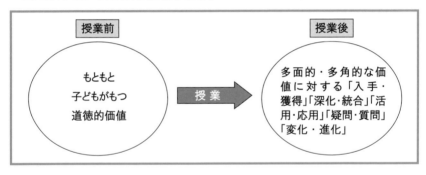

　授業での「変容」と聞くと「何か新しい知識を得るもの」とイメージしがちですが、決して「得る」ということだけが「変容」ではありません。授業を通して、今までに知っていた価値がさまざまな面から見直されたり活用されたりすることこそが、道徳授業においての「変容」となります。子どもたちの変容を評価するためにも「そもそも道徳授業での変容とは何か」ということを押さえておきましょう。
　また、変容を評価する際には、授業前半で子どもたちの価値に対する思考を把握し、授業後半以降で価値に対する思考の変化を目指し、最後に確認することになります。

② 評価の具体策⑥ ～子どもたちの変容を生かす～

　先ほど、変容を評価するには、授業前半で子どもたちの価値に対する思考を把握し、授業後半以降で価値に対する思考の変化を目指し、最後に確認すると述べました。それでは、その具体策とはどのようなものがあるのでしょうか。その1つとしては、

☞ 導入での子どもの考えと終末での子どもの考えをくらべる

というものがあります。このときのポイントは、

☞ 導入での発問と終末での発問に本時の内容項目に関する話題に触れる

ことが必要です。例えば、以下のように発問を組み立てましょう。

> □ 導入：「さまざまな分野で活躍する人たちに共通することは何でしょうか。」
> 　（努力、才能などの答えが返ってくる）
> □ 終末：「あなたは〇〇さん（登場人物）の生き方をどのように自分の人生に生かしたいですか。」
> 　（努力する姿勢、あきらめないなどの答えが返ってくる）

　導入では「活躍している人は才能なんだ」と言っていた子どもが、終末に「自分も〇〇さんのように努力を続けられる人になりたい」と書いていたならば、授業で変容が見られることになります。
　子どもたちの変容を見取るためには、こうした導入と終末での発問の工夫が必要となるのです。

　下記は、前半は導入や話し合い前の子どもの様子をもとに、後半は話し合い後や終末発問、感想などをもとに作成しています。

●「子どもたちの変容から見取る」の評価文例（別冊・文例集に収録）
> お話「〇〇〇〇」を読み、初めは自分の生活を気持ちよくする方法を見つけられませんでしたが、友だちとの話し合いを通して、毎日気持ちよく過ごすために大切なことを見つけることができました。

授業場面別での具体策❼
子どもたちの自己評価から見取る

① 子どもたちの自己評価を評価に活用する

　子どもたちの自己評価から、評価を見取る方法もあります。ただし、自己評価をそのまま教師からの評価につなげるということはしてはいけないことです。あくまでも「自己評価から」として、つまり、教師の出す評価の参考として子どもたちの自己評価を活用するようにしましょう。
　解説編（16頁）には、目標として、次のことが書かれています。

> 道徳的諸価値についての理解を基に，自己を見つめ，物事を多面的・多角的に考え，自己の生き方についての考えを深める学習（後略）

　これを見取っていくのが教師の役割となるわけですが、子どもたち自身がどのように感じているのかを把握したいときに、自己評価はとても有効です。以下のような項目で自己評価（3～4段階などで）を継続して行えば、子どもたちの変容も見取ることができるでしょう。

- ☐ 今日学習した価値についてよく考えた。
- ☐ 学習中に自分のことを見つめることができた。
- ☐ 先生や友だちの意見を聞くことで、いろいろな見方を知れた。
- ☐ これからの自分の生き方について考えることができた。

　評価文の作成時にも役に立つので、ぜひ取り組んでみてください。

② 評価の具体策❼　～子どもたちの自己評価を生かす～

　子どもたちの自己評価を見取る際には、まず、道徳ノートやワークシートを活用することがほとんどです。

道徳ノートを活用する場合は、こちらから意図的な項目で自己評価させることは難しくなりますが、もともとあるものを活用するので、取り組みやすいことがポイントです。1年間継続して子どもたちの自己評価を見取ることも容易にできるでしょう。

　自作のワークシートで自己評価を問う場合は、教師が自由な視点から意図的に項目を示すことができます。一度つくったものを1年間使用し続けることもできますし、45分間でふり返りの視点（その授業で特に教師がふり返ってほしいと思う点）を作成して使用することもできます。次のような視点を取り入れて作成してみましょう。

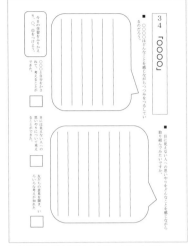

▶自己評価の欄を設けた自作ワークシートの例。

```
□ 45分間の授業の中で自分を見つめることができたか。
□ 友だちの意見を参考にするなどして、いろいろな角度から考えることができたか。
□ 45分間の授業を通して自己の生き方について見つけることができたか。
```

　これらは解説編にも掲載されている視点です。ぜひ、これらの視点を参考にして、子どもたちにふり返りの視点を示してください。

　下記は、前半は子どもの自己評価をもとに、後半は子どもの意見や考えをもとに作成しています。

●「子どもたちの自己評価から見取る」の評価文例（別冊・文例集に収録）
　お話「〇〇〇〇」の学習では、家族愛についてこれまでの自分をふり返り、家族はいつでも自分のことを思ってくれていることに気がつき、そんな自分には何ができるかを考えることができました。

授業場面別での具体策 ❽
長期的な視点から見取る

① 「大くくり」の立場の違いを知ろう

「長期的な視点」で評価する背景には、解説編（110頁）に書かれてある次の文言が関連しています。

> 個々の内容項目ごとではなく、大くくりなまとまりを踏まえた評価とすること（後略）

ここで登場する「大くくり」には、AとBの2通りの解釈があります。

> A：学期や年間を通して実施した授業の中から特に顕著な部分を評価すること。
> B：年間を通して見られた変容や行動について評価すること。

Aの考え方は、1学期や2学期での通知表に使い、教材名を出して評価する具体策①で示した基本フォーマットが使えます。

Bの考え方は、主に3学期に記す通知表や学年末に記す指導要録として使いますが、年間での子どもの姿や言動などを見取った評価なので教材名は出しません。また、同じBの考え方でも通知表と指導要録では表記方法が変わってきます。具体的な評価文については右頁で説明します。

② 評価の具体策❽　～長期的な視点を生かす～

長期的な視点から見取ったうえでの評価文を上記のAとB、2つの記述方法に分けてお伝えします。まずは、Aの考え方をさらに詳しく書いていきます。

> A：道徳ノートなどを学期末にふり返って見直し（または、その子の授業の様子を思い返し）特に顕著な部分を見取って評価する。特に顕著と思う部分を参考に評価文を作成する。

Aの考え方での評価文はフォーマットを使って次のように書きます。
● 「長期的な視点から見取る」の評価文例〔A〕（別冊・文例集に収録）
「〇〇〇〇」の学習では、花を大切に育てたお母さんの思いを考えることを通して、限られた命を精一杯生きることの大切さに気がつくことができました。（通知表用）

つぎに、Bの考え方はどうでしょうか。

> B：年間を通して見られた変容や行動について評価するためには、その子の日常の授業の様子や発言の記録が必要となる。もちろん、道徳ノートやワークシートに書かれているものを参考に年間の評価をしてもよい。

例えば、Bの考え方で3学期の通知表ではこのように書きます。下記は、前半は長期的な視点で見ることのできた子どもの様子をもとに、後半は1単位時間で顕著に見られた子どもの様子をもとに作成しています。
● 「長期的な視点から見取る」の評価文例〔B－1〕（別冊・文例集に収録）
自分自身の生活についてふり返り続けることができました。特に「節度・節制」の学習では、規則正しい生活をしようとする意欲をもつことができました。（通知表用）

さいごに、Bの考え方で指導要録で使える具体的な評価文を示します。
● 「長期的な視点から見取る」の評価文例〔B－2〕（別冊・文例集に収録）
毎回の授業で積極的に挙手をしていた。友達の意見にも真剣に耳を傾けて自分自身の生き方を考え続けていた。（指導要録用）

このような評価文となります。年度末に向けてこのような評価文を書く用意をすることも必要となってきます。

授業タイプ別での具体策 ①
登場人物への自我関与が中心の学習から見取る

① 「登場人物への自我関与が中心の学習」の特性を知ろう

　「登場人物への自我関与が中心の学習」とは、いったいどのようなものなのでしょうか。「道徳科における質の高い多様な指導方法について（案）」（文部科学省）という資料には、次のような説明がされています。

> 　教材の登場人物の心情を自分との関わりで多面的・多角的に考えることなどを通して、道徳的諸価値の理解を深める。

　また、「登場人物への自我関与が中心の学習」の効果についても同資料で次のように書かれています。

> 　子供たちが読み物教材の登場人物に託して自らの考えや気持ちを素直に語る中で、道徳的価値の理解を図る指導方法として効果的。

　子どもたちが登場人物に託して自分の考えや気持ちを考える学習活動を行うので、比較的学習に取り組みやすいことがメリットだということです。子どもたちの思いがすっと出てきやすいとも言えます。
　評価では、そのような学習活動から出された子どもたちの思いを見取るようにしましょう。
　低学年や中学年は、教材にすっと入り込みやすいので、この学習は取り組みやすいものです。しかし、だんだんと高学年になってくると、自分を確立し始める時期になるので、登場人物に入りきれないままに学習活動を行うことになってしまうことがあります。

そのようなときには、授業で子どもたちが自我関与しやすいような工夫を行い、子どもたちの思いを引き出しましょう。それがより具体的な評価へとつながっていくのです。

❷ 評価の具体策⑨ ～登場人物への自我関与が中心の学習を生かす～

道徳授業の中でも、もっともタイプの多い登場人物への自我関与が中心の学習をどのように具体的に評価すればよいのでしょうか。

子どもたちが登場人物に自我関与して思考する場面は、主に

中心発問

です。そして、ワークシートや道徳ノートなどに登場人物に対して自分の思いを重ねながら、自分の考えを書き記していきます。

そうしたものを通して、子どもたちの考えを探っていきましょう。

また、

👆 中心発問をもとにした話し合い活動

も、登場人物への自我関与に関する学習で多く行うことになります。このときには、子どもたちの

👆 多面的・多角的に学ぶ姿（友だちの意見から学ぶ姿）

に着目しましょう。

そして、登場人物の心情と自分を重ね合わせている、自我関与している子どもの姿に着目しましょう。

下記は、前半は子どもが自我関与した人物名を入れて、後半は子どもが自我関与したことで得た意見や気づきをもとに作成しています。

● 「登場人物への自我関与が中心の学習から見取る」の評価文例 (別冊・文例集に収録)

> お話「○○○○」の学習では、登場人物○○○○の気持ちを考えることを通して、自分の好き嫌いにとらわれずに人と接することのよさについて気がつくことができました。

授業タイプ別での具体策 ②
問題解決的な学習から見取る

① 「問題解決的な学習」の特性を知ろう

　今回の道徳の教科化にあたって大変関心を集めている「問題解決的な学習」についても、「道徳科における質の高い多様な指導方法について（案）」（文部科学省）にねらいが紹介されています。

> 　問題解決的な学習を通して、児童生徒一人一人が生きる上で出会う様々な問題や課題を主体的に解決するために必要な資質・能力を養う。

　では、そもそも「問題解決的な学習」とは一体何なのでしょうか。同資料の中には、展開前半の発問として、「ここでは何が問題になっていますか。」「何と何で迷っていますか。」という発問が紹介されています。そのようにして、子どもたち自身で課題を確認し、子どもたちの話し合いによって課題を解決していく方法が「問題解決的な学習」です。
　そんな「問題解決的な学習」の4つの効果を同資料ではあげています。

- ☐ 出会った道徳的な問題に対処しようとする資質・能力を養う指導方法として有効。
- ☐ 他者と対話や協同しつつ問題解決する中で、新たな価値や考えを発見・創造する可能性。
- ☐ 問題解決の先に新たな「問い」が生まれるという問題解決プロセスに価値。
- ☐ 考え、議論する中で図られるコミュニケーション自体に道徳的価値。

　こうした点を踏まえて子どもたちを見取っていきましょう。

② 評価の具体策⑩　～問題解決的な学習を生かす～

　問題解決的な学習では、ほとんどと言っていいほど、話し合い活動を行うことになります。また、話し合い活動の種類も、

> ☐ 全体
> ☐ グループ
> ☐ ペア

など、さまざまな形態を用いて行われることでしょう。その話し合い活動中の子どもたちをよく見取るようにします。具体的には、

> ☐ コミュニケーション（発言の内容など）
> ☐ ノンバーバルコミュニケーション（しぐさなど非言語でわかること）

この双方をよく観察する必要があります。

　話し合い活動では、話している子に特に注目してしまいます。もちろん、発言することはとても大切ですし、発言する人がいなければ活動にならないです。ですが、それと同時に聞き手も大切になります。話し合い活動は話す人と聞く人の双方で成り立っています。話し手がどれだけ上手に話しても、聞き手がいなければ成立しないのです。

　話し手はコミュニケーションを、聞き手はノンバーバルコミュニケーションの様子をよく見取るようにしましょう。表情の変化や目線、手足の動きなど、ノンバーバルコミュニケーションでも意識して観察することで、今までに発見しなかったことに気がつくことができますよ。

　下記は、前半は<u>子どもの問題解決の過程を入れて</u>、後半は<u>学習で得た子どもの意見や気づきをもとに</u>作成しています。

●「問題解決的な学習から見取る」の評価文例（別冊・文例集に収録）
> お話「〇〇〇〇」の中の問題をとらえ、<u>自分の意見を伝えたり友だちの意見を聞いたりすることを通して</u>、<u>感謝の念について改めて考えを広めたりすることができました。</u>

授業タイプ別での具体策 ③
体験的な学習から見取る①
～役割演技～

① 「役割演技」の特性を知ろう

改めて実施が求められている体験的な学習では「役割演技」と「道徳的行為」(66頁)の2つの指導方法が出されています。ここでは、まずは「役割演技」についてご説明します。「道徳科における質の高い多様な指導方法について(案)」(文部科学省)でねらいを確認しましょう。

> 役割演技などの体験的な学習を通して、道徳的価値の理解を深め、様々な課題や問題を主体に解決するために必要な資質・能力を養う。

「役割演技」を行うと、子どもたちの道徳的価値の理解を深めることができます。役割演技後の感想を書かせたり、役割演技をする前と後の心情理解を書かせておいたりすることで、評価へと生かすことができます。「体験的な学習」の効果として、次のことも同資料で書かれています。

> ・心情と行為とをすり合わせることにより、無意識の行為を意識化することができ、様々な課題や問題を主体的に解決するために必要な資質・能力を養う指導方法として有効。

ぜひ、「無意識の行為を意識化する」ことに注目し、子どもが身体を使って体験的に感じた心情を評価するようにしましょう。実際にそのお話を体験したからこそその子どもの心情を見取ることができるはずです。

体験的な学習は、「登場人物への自我関与が中心の学習」と同様に低学年・中学年であればすんなりと行うことができます。高学年で実施する際には、役割演技を行う趣意説明をきちんとしましょう。

② 評価の具体策⑪　〜役割演技を用いた学習を生かす〜

　では、役割演技を取り入れた際、何を見て子どもたちを評価すればいいのでしょうか。それは、子どもたちの表情やしぐさ、無意識の行動などまで含めたすべてに着目することです。

　そうは言われても「何をどう評価するのか」と戸惑いを感じる方もいらっしゃるのではないでしょうか。そんな方は、子どもたちの次のようなところ（ノンバーバルコミュニケーション）を見てみてください。

- ☐ 表情
- ☐ しぐさ
- ☐ 姿勢
- ☐ ジェスチャー
- ☐ 呼吸
- ☐ 声の大きさ
- ☐ 目の動き

　心理学の世界では、言葉以外の身体の反応から相手のことを理解するスキルを「キャリブレーション」と呼んでいます。人は無意識のうちにさまざまな反応を体のあちこちで示しています。例えば、「先のことを想像したり、過去をふり返るときには目は上を向き、自己内対話をするときには目は下を向く」などです。こうしたことは、無意識での行動が多く、本人も気づいていないことが多いので本音が表れることがあります。そんなところからも「子どもが今、何を思っているのか」を察知し、子ども本人ですら気がついていないよい点を見つけてあげてください。

　下記は、前半は子どもが役割演技を体験したことを入れて、後半は<u>体験的な学習で得た子どもの意見や気づきをもとに</u>作成しています。

●「体験的な学習から見取る①　〜役割演技〜」の評価文例（別冊・文例集に収録）

お話「〇〇〇〇」では、<u>登場人物〇〇〇〇の役割を演じることを通し</u>て、相手のことを考え、思いやりの心をもって接し、進んで人に親切にしようとする気持ちをもつことができました。

授業タイプ別での具体策 ④
体験的な学習から見取る② 〜道徳的行為〜

① 「道徳的行為」の特性を知ろう

「体験的な学習」のもう１つの学習方法「道徳的行為」についてです。まずは「道徳的行為」とは何なのか、ということを確認しましょう。

- ていねいな言葉遣いやお辞儀など、具体的な道徳的行為を実際に行い、その行為のよさや難しさを知る。
- 思いやりのある言葉をかけたり親切につながる行為をしてみたりしてその行為への考えを深める。

では、そんな「道徳的行為」には、どんな効果が期待されているのでしょうか。「道徳科における質の高い多様な指導方法について（案）」（文部科学省）から引用してみます。

- 体験的な学習を通して、取り得る行為を考え選択させることで内面も強化していくことが可能。
- 実際の行為の難しさやその対処法を考え、議論する中で図られるコミュニケーション自体に道徳的価値。

実際に身体を動かすことで、さまざまなことに気がつきます。特に「礼儀」などを学習内容として扱う際に多く使われます。

身体を使った学習には、教材を読むことや教師、友だちから意見を聞くことと、また違った気づきを得る効果があります。こうした学習の後には「どんなことを感じたのか」「（自分の行った）道徳的行為についてどんな考えをもったか」などを話し合う時間を少しでも設けてください。

それぞれが気がついたことを共有する中で、友だちと違う感じ方に気がつき、多面的・多角的な視点も生まれます。

② 評価の具体策⑫ ～「道徳的行為」の学習を生かす～

体験的な学習で一番注目するのは次のことです。

道徳的行為自体を体験している子ども

個別で体験することもあれば、全体で体験をすることもあるでしょう。そんなときには、先述したキャリブレーションが大切です。姿勢で言えば、学習に入り込んでいれば自然と身体は前のめりになり、学習に入り込んでいないか、一歩引いて考えているときには身体はのけぞります。そうしたときの表情も大切です。どのような表情で取り組み、その前と後ではどんな変化が表れたかなどを見取り、簡単に記録しておきましょう。

一方で、このときに大切にしたいことがもう1つあります。それは、

体験的行為を行った後の子どもたちの意見や感想

道徳の授業では、ただ体験するだけではなく、その体験を通してどのようなことを感じたのか、ということも大切にしなくてはいけません。

そこで、体験的行為を行った後には発問をすることや指示することを通して必ず「書かせる」ようにしましょう。発問を出したなら意見を書かせることになりますし、指示であれば「感想を書きましょう」ということになるでしょう。

体験的行為を取り入れたときにはこの双方から見取っていきましょう。

下記は、前半は子どもが道徳的行為を体験したことを入れて、後半は体験的な学習で得た子どもの意見や気づきをもとに作成しています。

● 「体験的な学習から見取る② ～道徳的行為～」の評価文例（別冊・文例集に収録）

お話「〇〇〇〇」では、登場人物〇〇〇〇の行為を体験することを通して、相手を思う心にふさわしい形で表現することのよさに気がつくことができました。

コラム ❸ 子ども同士で評価し合うことで深まる道徳授業！？

　ある日の道徳の感想で、ある子どもが次のような感想を書いていました。
　「〇〇さんの意見は、（私にとって）聞き逃せないことが多いので、よく聞くようにしています。」

　今回の道徳の教科化では「多面的・多角的な見方をすること」「考え、議論すること」がキーワードとして打ち出されました。
　ある教科書会社の教科書には「道徳ノート」がつけられていますが、その道徳ノート内にも「友だちの考え」という欄があり、そこの欄に友だちの考えを書き記す欄が設けられています。つまり、

友だち同士の意見をより聞き合い、学び合っていこう

ということが大切にされているのです。

　私は、道徳授業の中で、子どもたち同士の対話をとても大切にしています。全体で話し合うことはもちろん、ペアトークやグループトーク、自由に立ち歩いて話し合う（フリートーク）など、さまざまな対話活動を駆使しています。
　学習が深まれば深まるほど、子どもたちからは多様な意見が引き出されます。そして、その多様な意見の種類の多さや質の高さというのは、決して1人ではすべて出すことはできないものです。
　みんながいるからより深い学びへと向かえるのです。

　それは、子どもたち同士の学び合いを大切にしながら取り組み続けていると、子どもたち同士での意見の評価のし合いが始まるからです。
　もちろん「よい悪い」のジャッジのための評価ではなく、お互いを励まし合い、認め合い、磨き合うための評価です。

　教材から、自分から、教師から。そして、友だちからも学び合うことのできるような道徳授業をこれからも考え続けたいと私は考えています。みなさんもそんな道徳科の授業を一緒に考えてみませんか？

第4章
評価は授業力向上のためにある！
～授業のふり返り具体策12～

　道徳科における評価は子どもたちに対するもののみでなく、もう1つ評価されるべきものがあります。それは、私たち教師の「授業」に対する評価です。
　道徳科の学習指導要領にも「自らの指導を評価したりするとともに，指導方法などの改善に努めることが大切である。」と書かれています。道徳の評価というものは、私たちの授業にも向けられ、その改善のためにも活用されることとなっているのです。
　本章では、自分の授業への評価の仕方と、その改善方法をお伝えします。

ふり返りの具体策① 自身の「教材理解」を評価する

① 「教材理解」4つのポイント

「教材理解を評価する」とはどういうことでしょうか。私は次のような点で教材理解をふり返ることが重要であると考えています。

- □ 教師が教材自体をどのように読み、どのように解釈していたか。
- □ 教師が、自身の解釈をもとに、子どもたちがどのような道徳的諸価値を感じるかを想定していたか。
- □ 教師が、自身の解釈のもとに、今回の授業で扱うべき箇所がどこになるのかということをしぼれていたか。
- □ 教師が、自身の解釈のもとに、子どもたちへの適切な指導方法を考えることができていたか。

なぜこの4点が重要なのか、国語科授業名人の野口芳宏先生(植草学園大学名誉教授)と横山験也先生(さくら社代表取締役)の実践から説明します。

② 「素材研究」に一番力をかける

野口芳宏先生は「教材研究」において、「素材研究」「指導事項研究」「指導法研究」の3つの段階があると提唱されました。

多くの教師は授業づくりに悩む際に、教え方としての「指導法研究」に対して真っ先に悩むのではないでしょうか。しかし、野口先生はそれではいけないとおっしゃいます。

👉「まずは、教材を1人の人間として読む」

それが授業づくりのスタートであるというのです。そして、教材研究全

体にかける力の３つの割合を次のように示しています。

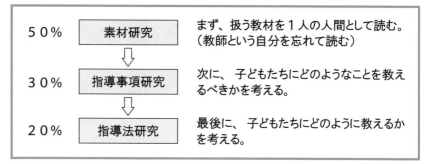

　以上のように素材研究に力を入れて教材研究を行うことで、教えたいことや問いたいことは自然に生まれてくるというのです。
　野口先生は国語の授業づくりという舞台でこの理論を提案されていますが、道徳の授業づくりにおいても「教材理解」を深めるうえでまったく同様のことが言えます。

③ 教材理解を高める「道徳見つけ」

　46頁では授業で行うという視点でご紹介しましたが、横山験也先生の開発された「道徳見つけ」は教師も事前に取り組むことで教材理解のレベルをうんと引き上げてくれます。
　「道徳見つけ」は、教材の中にどのような道徳が隠れているのかを注目し、気になる言葉や文に線を引きながら読む方法です。
　素材研究の際に、引いた線の横には「友情」「家族愛」など、自分がそこに感じた道徳を書き込んでいきます。このときには、記した道徳について子どもに教えるかどうかは考えません。教師としてでなく、「１人の人間として」読んでいくのがポイントです。
　すると、みるみるうちに、教材は線で引かれ、自身がどのようにそのお話を読んだのかがわかるようになります。
　教師自身が教材理解を深める際に、とってもおすすめです。
　もちろん、この「道徳見つけ」は授業でも大いに効果を発揮しますし、その内容を子どもたちの評価文につなげることもできます。

ふり返りの具体策 ②
自身の「価値理解」を評価する

 価値理解を評価するとは

　道徳の学習の目的は、教材などを通して「価値を理解する」ことにあるとも言えます。教材の内容を理解することを通して、価値に対する考えを広めたり深めたりするのです。

　では、授業でそれらが十分に指導できたのかどうか、どのようにして評価すればよいでしょうか。

　ここでは2つのことをお伝えします。

 「5W1H」でふり返る

　まずは、授業で扱った価値について、授業者がどれだけ理解しようとし、考えを広げたり深めたりしたか、ということをふり返りましょう。「勇気」「家族愛」「友情」など、道徳の授業ではさまざまな価値を扱い、指導します。指導する教師自身がそれらを自分なりに試行しておくことはとても大切なことです。

　それでは、どのようにして教師はその価値を深めることをすればよいのでしょうか。

　1つに「その価値に対しての問いを出し、自分なりに答える」ということがあります。そのときには「5W1H」の問いを授業で扱う価値に投げかけてみましょう。「勇気」を例にとります。

「勇気とは何だろう」（What）
「勇気とはいつ必要なのだろう」（When）
「だれが勇気をもっているのだろう」（Who）

郵 便 は が き

530-8790

154

料金受取人払郵便

大阪北局
承　認
1059

差出有効期間
平成32年5月31日まで
※切手を貼らずに
お出しください。

大阪市北区兎我野町15-13

　　　　　ミユキビル

フォーラム・A

　　愛読者係　行

|i|i||i|i|i||i··i|i|i··i|||i·i|i|i||i·i|i|i|i|i|i|i|i|i||i|

愛読者カード ご購入ありがとうございます。

フリガナ		性別	男　・　女
お名前		年齢	歳

TEL FAX	（　　）	ご職業	

ご住所	〒　　－

E-mail	＠

ご記入いただいた個人情報は、当社の出版の参考にのみ活用させていただきます。
第三者には一切開示いたしません。
□学力がアップする教材満載のカタログ送付を希望します。

●ご購入書籍・プリント名

●本書（プリント含む）を何でお知りになりましたか？（あてはまる数字に○をつけてください。）
 1. 書店で実物を見て　　　　　　　2. ネットで見て
  (書店名　　　　　　　　　　　)
 3. 広告を見て　　　　　　　　　　4. 書評・紹介記事を見て
  (新聞・雑誌名　　　　　　　　)　 (新聞・雑誌名　　　　　　　　)
 5. 友人・知人から紹介されて　　　6. その他（　　　　　　　　　　）

●本書の内容にはご満足いただけたでしょうか？（あてはまる数字に○をつけてください。）

 たいへん満足　　　　　　　　　　　　　　　　　　　不満
　　　　5　　　　4　　　　3　　　　2　　　　1

●ご意見・ご感想、**本書の内容に関してのご質問、また今後欲しい商品のアイデア**がありましたら下欄にご記入ください。
 おハガキをいただいた方の中から抽選で10名様に2,000円分の図書カードをプレゼントいたします。当選の発表は、賞品の発送をもってかえさせていただきます。

 ご感想を小社HP等で匿名でご紹介させていただく場合もございます。　□可　□不可

小社の出版物はお近くの書店にご注文ください。　　　ご協力ありがとうございました。

「勇気とはどこで手に入れるのだろう」（Where）
「なぜ勇気が必要なのだろう」（Why）
「勇気のある行動とはどのようにして行われるのだろう」（How）

　こうした問いを自分自身に投げかけ、自分自身で答えるようにすることで、「問い」が自身の解釈を深めてくれるのです。このとき「勇気ある人」「勇気はいつ必要」など、インターネットで検索するとよいです。勇気ある行動をとったエピソードや勇気をテーマにした詩、人生でどのようにして「勇気」を獲得するのか、などさまざまなことを知れます。ときには、書籍などにあたるのもよいです。こうした教師の価値に対する知識が授業に厚みをもたらします。
　教師が自分なりの解釈ができているかどうかは、子どもたちの議論を深められるかどうかに大きく関わってきます。自分自身の解釈もないままに授業をしても、子どもたちの真剣な議論をさばけようがありません。

③ 内容項目の概要をチェックする

　自分で価値について解釈することが大前提ですが、解説編にも詳しくそれぞれの価値について書かれているページがあります。こちらもぜひチェックしてみるようにしてください。
　例えば、解説編（54頁）の「家族愛，家庭生活の充実」の内容項目の概要説明では、家庭ということについて次のように書かれています。

> 　家庭は，児童にとって生活の場であり，団らんの場である。児童は家庭で家族との関わりを通して愛情をもって保護され，育てられており，最も心を安らげる場である。

　こうした記述が「家族愛，家庭生活の充実」とは何か、と考えるための材料となります。
　もちろん、解説編ではその他の内容項目についても概要が説明されています。こうした方法で内容項目やその価値についての理解を教師が深めることで、計画性の確かな授業をつくることができるようになるのです。

ふり返りの具体策 ③
ねらいをしっかり立てられていたか評価する

 ねらいが形骸化していないかふり返る

　道徳の授業前、どのようなねらいを立てて授業にのぞんでいますか。次のような状態には陥っていないでしょうか。

> □ ねらいはとりあえずで「指導書」に書かれているものを使っている。
> □ ねらい（めあて）は書かなければいけないから、授業中に必ず黒板に提示している。

　指導書のねらいを批判しているのではなく「書かれているねらいを何の思考もないままに使用する」ことへ、私は懸念を抱いています。

　「ねらいと評価は表裏一体」と言われています。確かなねらいがなければ、きちんとした評価（授業のふり返り）はできません。授業者の「何の思考も含まれないねらい」では、事後の評価にも期待はできないでしょう。

　次に、「〜しなければならないから」ということで取り組んでしまうと、形骸化してしまいがちです。効果のあるなしを吟味しないままに毎回その行為をくり返すことには、疑問をもたなくてはいけません。「なぜその方法を取り入れるのか」という視点を忘れないでください。

 ねらいを真の意味あるものにするには

　では、ねらいを真の意味あるものにするにはどうすればいいのでしょうか。そのために土台となるのが、これまでに紹介させていただいた「素材研究」や「価値そのものへの理解」にかかってくるのです。

これらを土壌にして授業づくりをしていれば、必ず「子どもたちに投げかけたいこと」「子どもたちと考えたいこと」「子どもたちに伝えたいこと」が生まれます。それらを自分の言葉で表現することで、真の意味ある「ねらい」とすることができるのです。
　そして、自分の言葉にして表現するときには、細かなことは気にせず、「まずは思い切って書き出してみる」ようにしましょう。

③ 自分の言葉でねらいをつくる

　では「自分の言葉でねらいをつくる」とは、一体どういうことでしょうか。例えば、私は以下の教材（『小学道徳　生きる力　6』日本文教出版）の2点で次のようなねらいを立てました。

『手品師』でのねらい
「大劇場に行くか」「男の子のところに行くか」と葛藤する手品師の心情を考え、自分にとって「誠実に行動する」とはどういうことか気がつくことができる。

『おかげさまで』でのねらい
おばあちゃんの生き方を考えることを通して「おかげさま」の心について考え、「おかげさま」の心をもって生活しようとする実践意欲をもたせる。

　どちらのねらいも私自身が生み出して立てたものです。
　もちろんですが、このねらいが一番正しいものである、ということではないです。ただ、素材研究や価値そのものへの理解を通して生み出したねらいは、当然授業内容にもあてはまったものになります。そうすることで授業もしっかりと流れるようになります。
　そうしたねらいをもって授業に挑んだあとに、子どもたちの学習の足あとを見ると、自分自身のねらいに達成しているかどうかはすぐにわかります。
　そして、授業において「次にもつなげられること」「次に改善すべきこと」が浮かび上がってくるようになっていくのです。

ふり返りの具体策 ④
子どもたちの多面的・多角的な思考を引き出せたか評価する

① 多面的・多角的な考えはこれからの時代のキーワード

道徳科の目標について、指導要領をもう一度見直してみましょう。

> (「第3章 特別の教科 道徳」の「第1 目標」)
> 　第1章総則の第1の2の(2)に示す道徳教育の目標に基づき、よりよく生きるための基盤となる道徳性を養うため、道徳的諸価値についての理解を基に、自己を見つめ、物事を多面的・多角的に考え、自己の生き方についての考えを深める学習を通して、道徳的な判断力、心情、実践意欲と態度を育てる。

　では、前回の指導要領での道徳の目標との違いはご存知でしょうか。現行の学習指導要領から「自己を見つめ〜」からの文章が新たに追記されました。そして、注目されているのが「多面的・多角的に考え」という部分です。科学技術の進歩により、人々の生活の中で、これまでにない価値理解を求められることが多くなりました。また、インターネットや観光客の増加にともなうグローバル化社会の実現により、今までに触れることのなかった文化や価値観に日常的に触れるようになりました。
　このようなことから、道徳授業にも「多面的・多角的な考え」をもつことが求められるようになったのです。

② 多面的・多角的な考えが生まれる授業

　では、私たちが授業をする中で、「多面的・多角的に考える」授業ができていたのかどうかをどのように評価すればいいのでしょうか。
　今回の学習指導要領では、「多面的・多角的な考え」が生まれる授業の

方法として「考え、議論する道徳」が打ち出されました。ここで、「議論」ということについて考えてみましょう。

あなたの学級では「議論」は生み出されていますか。

この「そもそも議論がどう生み出されるのか」ということを、白木みどり先生（金沢工業大学教授）は次のようにおっしゃられていました。

👆「議論とは自然発生的に生まれるものである」（文責：丸岡）

話し合いや議論などがなかなかうまくいかないと考えられている先生方からすると、この言葉だけでは首をひねってしまうかもしれません。

しかし、例えば子どもたちが教材を読み、どんなことを感じたかを交流すれば、それぞれの感性の中で出てくる違いが自然と生まれ、そのズレを焦点化することで議論が活性化されていくはずです。

また、白木先生は「安易に二項対立を生むような発問に頼るべきではない」ともおっしゃっています。自然に生まれた議論が進む中で、二項対立的な場面が生まれることは当然よしとされていますが「二項対立ありき」で授業を進めるべきではないというのです。

これは「多面的・多角的な考え」という目標がある以上、「AかBか」「するべきか、しないべきか」のような初めから答えを2つに限定することは避けるべきだと私も考えます。選択肢を用意する場合でも、初めから二項だけでなく、3つか4つなどから選べるような発問であったり、学習活動であったりを考えられていたかどうかも「多面的・多角的な思考を引き出せたかどうか」というものさしとなるでしょう。

そして、「多面的・多角的な考え」を子どもたちから引き出すためには、「教師のファシリテート力」（話し合いを促進したり、整理したりする力）が欠かせません。議論を効果のあるものへとするときには、教師が子どもたちの話し合いを深めたり広げたりする必要があります。多様な意見を受け入れられたかどうか、子どもたちから出された意見を発展させたり深化させたりできたかどうか、そうしたことも評価していくことで、教師のファシリテート力を高める要因とすることができます。

「多面的・多角的な考え」を引き出す授業を通して、子どもたちにはさまざまな考え・価値観に触れられるような授業を目指しましょう。

そうした考えをもつことで、教師自身の授業力も向上していきます。

ふり返りの具体策 ⑤
板書が子どもたちの思考を深めるつくりにできたか評価する

① 板書はダイナミック、かつ構造的に書く

　私の授業や模擬授業を受けられた方に、次のようなご質問をいただくことがよくあります。

> □「板書は右から縦書きで書かなくてもいいのですか」
> □「縦書きと横書きどちらがよいですか」
> □「題名は右側に書きますが、書き始めは左側からでもいいですか」

　こうした質問をされる背景には、次のことが前提としてあるのではないでしょうか。

> □ 黒板は子どもたちのノートと同じでなくてはならない。

　しかし、授業において決してそんなことはありません。
　むしろ、子どもたちの思考をさらに広げ、深められるよう、もっとダイナミックに、構造的に書いてもよいものなのです。そう考えると黒板の真ん中から書き始めても外側から書き始めてもかまいません。
　「黒板は右から縦書きでなければならない」
というような法律は存在しないのです。

② 道徳の時間における板書の目的を考える

　道徳の時間における板書の目的とは何なのでしょうか。
　私は、次のようにとらえています。

 子どもたちが多面的・多角的な考えをもつなど、思考を深めるため

　さまざまな角度から物事を見るためには、「右から縦書き」といつも同

じパターンで書くだけではいけません。(もちろん、「右から縦書き」がダメではなく、さまざまあるパターンの1つであるということです)

　教材によって、子どもたちと議論したいことによって、さまざまなパターンが考えられます。(囲みと矢印を使うことで、構造的な板書への第一歩を踏み出すことができます)

　板書を通して授業をふり返るときには、次の視点をもちましょう。

- □ 子どもの思考に合わせた板書であったか。
- □ 子どもの思考を多面的・多角的な考えをもつなど、深めたり広めたりしたか。
- □ 教材など授業に合わせた板書であったか。

　板書をよくしていく際には、当たり前ではありますが板書の上手な先生の板書を見ることです。よいものを見れば、自然とどのような視点で板書を書けばいいのかがわかってきます。

　ただし、板書は手段であって目的でありません。綺麗に書けていても実際に子どもたちの思考が深まらなければ意味がありません。板書も、授業の目的(ねらいなど)のためにあることを忘れないようにしましょう。

　以下の板書の構造図と実際の板書の例を参考にしてください。

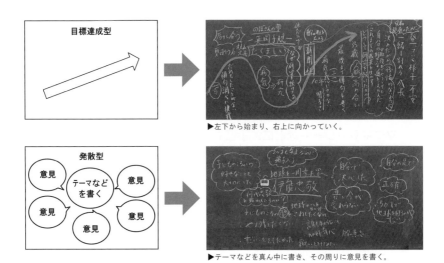

▶左下から始まり、右上に向かっていく。

▶テーマなどを真ん中に書き、その周りに意見を書く。

ふり返りの具体策⑥
教材や教具を活用できていたか評価する

① 教科書以外の素材も教材にする

　道徳科で使用するメイン教材はもちろん教科書です。法律上でも「主たる教材」と決められており、ないがしろにすることは許されることではありません。しかし、次のようなものも教材としてとらえてよいです。

- □ 教師自身が見つけてきたもの
  （導入や終末で使うことが多い。写真や動画、実物など）
- □ 地域に存在する授業で活用できると考えられるもの
  （ゲストティーチャーなど）

　教科書を主たる教材としてとらえ、その他にもより授業を活性化し、活用できると思われるものは、どんどんと活用していきましょう。

② 教具を開発し、活用する

　私は道徳科では次のような教具を使っています。これらを参考にしつつ、目の前の子どもたちに合わせてどんどん開発していきましょう。

①ネームプレート

　マグネットシートなどに、子どもたちの名前を書いておく。自分の考えを表現するなど多くの場面で活用が可能。意見を板書した際にその意見を言った子のプレートを貼ったり、以下のように線をかいて立場を明確にする。

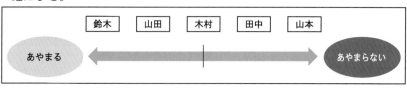

②心情円盤（※NHK for School を参照）

　2枚の円に切り込みを入れて組み合わせることで、子どもたちの気持ちの割合を感覚的に表せる。円になっているので気持ちを表現しやすい。真ん中など基準を気にしなくていいので、より感覚的に子どもたちが表現できる。「登場人物が〇〇と思う心はどれくらいか」などの発問で子どもの意見の可視化に使える。

▶2つの円の重ね具合で割合が視覚的に変わる。

③サインボード

　自分の考えを3色に分けて表現する。子どもたちが1人ひとり持ち、机の上に置くことができるので、だれがどんな考えをもっているのか、一目で全員が確認できる。

▶3色の画用紙で作成。

　また、議論の中で考えが変わったときには、すぐに色を変えることもできるので、自分の考えの変化を表現しやすい。「A（あやまる）」「B（あやまれない）」「C（あやまらない）」など、3つの立場で議論するときに有効。

④登場人物のイラスト

　印刷して黒板に貼ることで、教材の内容やその人物の気持ちを視覚的に把握することができる。また、頭に装着することができるようにすることで、役割演技の際に活用することができる。

⑤コミュニティボール

　ボールを用意し、「ボールを手に持っている人が発言できる。それ以外の人は持っている人の話を静かにあたたかく聞く」というルールを道徳科の時間につくっておく。ボールは手に持つとふわふわとしていて、落ち着く感じのするものを選ぶとよい。小さなぬいぐるみなどで代用してもよい。

　コミュニティボールを採用することで、学級の雰囲気を和やかにして授業を進める効果もある。

　この他にも、道徳科において活用できる教具がたくさん開発されています。授業に向けてそうしたものを探してきたかどうか、授業に合ったものが使えたのかどうかというところが評価の判断材料となってきます。

ふり返りの具体策 ⑦
道徳的諸価値の理解ができていたか評価する

① 道徳的諸価値を理解させる理由

　道徳的諸価値を子どもたちに理解させる根拠は何なのでしょうか。
　ここで、解説編（１６頁）の指導要領に書かれている「特別の教科 道徳」の目標を改めて見てみましょう。

> （「第３章 特別の教科 道徳」の「第１　目標」）
> 　第１章総則の第１の２の（２）に示す道徳教育の目標に基づき，よりよく生きるための基盤となる道徳性を養うため，道徳的諸価値についての理解を基に，自己を見つめ，物事を多面的・多角的に考え，自己の生き方についての考えを深める学習を通して，道徳的な判断力，心情，実践意欲と態度を育てる。

　目標の中に「道徳的諸価値についての理解を基に」とあります。道徳の授業では、自己を見つめたり物事を多面的・多角的に考えることを求めていますが、それは「道徳的諸価値の理解を基に」行われるものなのです。
　道徳的諸価値について解説編（１７頁）には、次のように書かれています。

> 　道徳的価値とは，よりよく生きるために必要とされるものであり，人間としての在り方や生き方の礎となるものである。

　これは、「人にはあいさつをきちんとしよう」「ルールを守って過ごそう」「声を掛け合って協力しよう」という、子どもたちが幼少期から小学校低

学年ごろまでに培う「共通の道徳的価値」です。

　文部科学省は、こうした価値を共有することを「共通性の確保」と言っています。こうしたことは土台にあるという前提で「考え、議論する道徳」を実施していかなくてはなりません。

② 前提条件を踏まえた授業か評価する

　子どもたちに「考え、議論する道徳」を実施した際に、陥りがちなことは次のことです。

> 子どもたちが道徳的諸価値の理解を踏まえていなかったり、作品のストーリーを踏まえておらず、堂々めぐりの議論になってしまう。

　こうした授業は「考え、議論する道徳」が目指す授業とは言えません。
　例えば、
「(携帯電話のない時代設定の教材なのに)携帯電話で呼び出せばいい。」
「橋が１本しかないのなら、もう１本たせばいい。」
など、根拠のない思いつきのような発言が飛び交う授業では、子どもたちが授業前とくらべて、それぞれの道徳的な価値観が深まったり広まったりすることはないでしょう。

　もちろん、そのような意見が議論を深めたり広めたり、思いもよらないような視点が与えられたりすることはあるのですが、それは稀なことです。子どもたちが議論する際には、道徳的諸価値がもとになっているかどうかを慎重に判断するようにしてください。それが、授業の評価にもつながっていきます。

　また、そうした授業にならないためにも、教師は伏線を張っておくことをしておいた方がいい場合もあります。
「この時代は、携帯電話など便利なものはなかった。今ならすぐに連絡できるのにね。」「一本しか橋はない。これは変えられないんだよね。じゃあ、どうすればいいのかな。」
など、発問に入る前にさりげなく子どもたちに教材の条件を確認しておくのです。こうしたことが必要だったかどうか、それができていたかどうかも、自身の授業を評価する観点となるでしょう。

ふり返りの具体策 ⑧
自己の生き方についての考えがうまく引き出せたか評価する

① 自己の生き方について考えがうまく引き出せたか

　ここでも、学習指導要領の特別の教科 道徳の目標を見てみます。（※関連するところのみ、一部抜粋）

> （前略）道徳的諸価値についての理解を基に，自己を見つめ，物事を多面的・多角的に考え，自己の生き方についての考えを深める学習を通して，（後略）

　「自己を見つめ」「物事を多面的・多角的に考え」に続いて「自己の生き方についての考えを深める」と書かれています。つまり、道徳科の学習は、最終的に「自己の生き方について深める」ものでなくてはならないのです。
　では、「自己の生き方について」とは何なのでしょうか。こちらも、解説編（18頁）に書かれています。

> 　自己を見つめるとは，自分との関わり，つまりこれまでの自分の経験やそのときの感じ方，考え方と照らし合わせながら，更に考えを深めることである。

　こうしたことを子どもたちに考えさせる場面は、やはり授業の終末に多いでしょう。感想やふり返りを書かせることを通して、子どもたちがこのようなことを考えることができたかどうかを十分に吟味します。

② 子どもたちが「自己をふり返れたか」を評価する

　子どもたちがどのような姿を見せれば「自己を見つめることができた」と、言えるのでしょうか。子どもたちの心の状態を教師がのぞくことができるわけではなく、極めて個人に関わることなので「こうだから絶対に」ということは言えませんが、例をあげてみます。

　例えば、次のような文言が書かれている場合には「自己を見つける」ことができていたと言えるのではないでしょうか。

（ア）　〜〜と、考えることができました。
（イ）　〜〜のような生き方をしたいと思いました。
（ウ）　これから〜〜のようにしていきたいと思いました。
（エ）　今までの自分は〇〇だったけど、これからは〜〜というように生きていきたいと思えました。

　こうした文言を子どもたちが書いているときには、「今までの自分の経験や体験、考えのことを思い起こしながら」書いていることが多くあります。

　もし、子どもが感想を書いている途中で、「体験や考えをふり返って書けているな」と感じるときには「もし、今までの自分や体験のこととつなげて書くことができれば、そうしてみよう」と子どもたちに指導します。やはり、心の中で思うだけよりも、書いて可視化する方が子どもたちも教師のその授業をふり返ることができます。

　また、そうしたことは、くり返し取り組むことで、子どもたちも自然にそのようなふり返りができるようになってきます。子どもたちにそのような姿が見られたときには、積極的に指導していきましょう。

　「自己を見つめさせる」ことは「自分ごととして考える」ことであり、「道徳性を養う」という道徳授業の目標と直結する部分です。

　ぜひ、ていねいに授業を評価するようにしましょう。

ふり返りの具体策 ⑨
授業自体をふり返って評価する

① どのようにして授業自体をふり返るか

授業自体をふり返る方法はさまざまありますが、日常の仕事中でも実践可能な方法をお伝えします。

例えば、次の方法でご自身の授業をふり返られてみてはいかがでしょうか。

- ☐ 授業後には黒板の写真を撮る。
- ☐ 授業を録音する。
- ☐ 気がついたことを書く。

どれも、短い時間や移動の時間、すき間時間に実践可能なものばかりです。順に説明していきます。

② 板書で授業をふり返る

板書には多くのことが記録として残されています。

- ☐ 実施した日付
- ☐ 教材名
- ☐ 発問
- ☐ 子どもたちの考え
- ☐ 教材や教具
- ☐ 授業の組み立て

例えば1枚の板書に、これだけのことが残されているのです。

これらの情報を残すためにも授業後に写真を撮りましょう。さまざまなことが見えてきます。子どもたちはどんなことを思考していたのか、

自分がどんな発問をしたのか、教材や教具は有効であったか、そして、授業の流れはこれでよかったのか……。そんなことが瞬間的に記録することができます。ぜひ「授業後には黒板の写真を撮る」という習慣を身につけてみてください。

　また「毎回の板書にはきちんと日付を入れておく」こともおすすめします。というのは、学期や年度が終了したときに、何枚もの板書を見た際に「いつどんな実践をしたのか」が日付を頼りに紐解くことができるからです。

　そして、日々板書を残していくことで、だんだんと授業が変化していることに気がつくはずです。春先の授業と冬の授業では、まるで違うこともあります。そうして、1年間の授業の違いを体感することも大きなふり返りとなります。

授業音声で授業をふり返る

　現在のスマートフォンや携帯には、音声録音機能が搭載されていることがほとんどだと思います。（最初から機能がない場合でも、無料でダウンロードできるアプリが多数存在します）授業開始前にスタートボタンを押し、終了したらもう一度ボタンを押します。それだけで45分の授業を記録することができます。

　録音した授業記録を聞く時間もあまりないかもしれませんが、退勤中にイヤホンで聞くなどすれば、帰りの道中をそのままふり返りの時間にすることができます。

　あえて時間を取らなくとも、こうした工夫で授業のふり返りが可能となります。

気がついたことを書くことでふり返る

　書くという行為は脳を活性化させます。

　ほんの「短い時間」に「気になったことだけ」でいいので、書き留めてみましょう。それだけでも次回の授業で改善する点を見つけ出すことができます。

ふり返りの具体策⑩
子どもたちの成果物などで評価する

① 子どもたちの成果物こそ教師の評価

　道徳の時間には、何らかの形で子どもたちの思考を残すことがほとんどです。以下のものが代表的です。

- □ ワークシート
- □ 道徳ノート
- □ 5mm方眼ノート

　そしてそれらには、「子どもたちの」発問に対する考えであったり、「子どもたちの」45分間の学習全体のふり返りなどが見られます。
　当然ですが、ここで改めて、「子どもたちの」という言葉に注目してみます。授業では、「だれの道徳性を養うのか」です。この問いには当然、

 子どもの道徳性を養うために実施する

ですよね。それでは、次の言葉についても、ぜひ考えてみてください。

「あなたが伝えたいことが伝わっているのではなく、相手が受け取ったように伝わっている」

　授業は、高度なコミュニケーションで成り立っています。教師が授業という媒体を通して伝えようとしていることが、どのように子どもたちに受け取られているのか、そんなことを子どもたちの言葉から真摯に受け止めてこそ、授業が改善されていくのだと思います。
　例えば、中心発問に対して、「～でいいなと思いました」という抽象的な意見では、子どもの思考が深まっているとは言えません。「～が〇〇で××だったから〇〇してよいと思いました」など、より具体的に書かれ

ていれば思考が深まっていると手応えを感じられると思います。

　右の写真は、実際の私の学級の子どものノートです。ふり返りの視点としては「教材との対話が十分にできているか」「中心発問への答えをしっかりとかけているか」「友だちの意見までメモしているか」「終末の発問では、自分ごととしてとらえてふり返ることができているか」などです。今一度子どもたちのノートを見てみましょう。

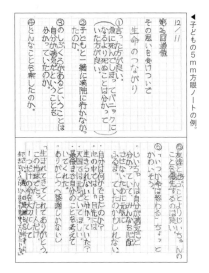

◀子どもの５ｍｍ方眼ノートの例。

② 教師自身に新たな視点ができる

　子どもたちの成果物を読むことで、さまざまなことに気がつくでしょう。

> □ ○○さんはこう感じていたけれど、△△さんはこのように受けていたんだ。
> □ ここでは、〜〜と受け取っていると思っていたけど、子どもたちは△△と受け取っているな。
> □ 今日、子どもたちに考えてほしかった点は〜〜だったけど、それについてしっかりと考えることができているな。

　挙げ始めればきりがありません。それほど「子どもたちの成果物から学べること」は大きなものがあります。

　また、子どもたちの成果物を学級通信など、各種通信に掲載することもおすすめです。通信などに掲載しようとすれば、教師も「どの意見を通信の読者に読んでほしいか」を選定することになります。実は、その判断基準が「ねらい」と関係してくるのです。

　ねらいにぴったりとあてはまった子もいれば、教師の考えたねらいとは別の視点で考えられた意見を出した子もいるでしょう。そうした子どもたちの意見を活用しながら評価していくことで、より子どもたちの意見を授業に生かせるようになるのです。

ふり返りの具体策⑪ 教科書をもとに授業ができたか評価する

① 教科書のもつチカラを理解し、活用する

道徳が「特別の教科 道徳」となり、教科書がつくられたと述べてきました。では、それまで使われていた副読本とは何が違うのでしょうか。

さまざまありますが、授業を評価するに当たっては、次のことが言えます。

文部科学省の検定を通っているということ

文部科学省の検定があるのとないのとでは、本を作成する時点で大きな違いが生まれます。まず、教科書を作られる編集担当の方は、作成する段階で「文部科学省の検定を通るものだ」という意識が高まっていることです。もちろん、副読本のときに意識がないわけではありませんが、やはり検定のあるなしで、意識の差は当然ながら生まれます。そこで、その意識が高い状態で作られた教科書を文部科学省が検定にかけます。つまり、さまざまな関門を通り抜けて教材が作成されていくということです。

もちろん教材だけでなく、発問や挿絵なども検定の対象です。ということは、そうしたところも一定の質が保たれていると言えます。いろんな人の力が結集しているのです。

そんな教科書のもつチカラを最大限に活用しましょう。

②「教科書研究」で教材を深く理解する

どのようにして、教科書のもつチカラを活用するかというと、次のような手順を踏むとよいです。ここでは、鈴木健二先生（愛知教育大学教授）が提唱している「教科書研究」に基づいてお伝えします。

> ① 教科書を構成要素に分解する
> ↓
> ② それぞれの構成要素を批判的に読む
> ↓
> ③ それぞれの構成要素をつなげて授業をつくる

それぞれどういう手順なのか、順にお伝えしていきます。

①教科書を構成要素に分解する

挿絵、本文、教材名、めあて、登場人物など、教科書に組み込まれている数あるパーツをバラバラに分解してみるということです。それぞれバラバラに分かれると思うパーツごとに丸で囲んでいくと、理解がしやすくなります。本文も場面ごとなど、かたまりで分けるといいでしょう。

②それぞれの構成要素を批判的に読む

どういうことかというと、バラバラに分けられた構成要素に対して批判的な思考で読むということです。もう少し具体的に書くと、それぞれのパーツに「なぜそこに載っているのか」「なぜこの場面を挿絵にしたのだろうか」など、突っ込みを入れていくように読んでいくのです。

その際、この活動自体には「正解や間違いはない」ということを知っておいてください。あくまでも、教師が分解し、教師が分析すればよいことです。そうした作業を通して、教材への理解が深まっていくでしょう。

③それぞれの構成要素をつなげて授業をつくる

そして、バラバラにした構成要素をどのような順で扱っても構いません。そうした自由度の高い状態で「子どもたちにどのような順で提示しようか」と考えていくのです。

基本として、導入はだれもが答えや発問につながるものを、中心発問ではそれに関連する写真やイラストを用いるとよいでしょう。

とにかく、教師自身が面白いと感じる心を大切にして授業の構成要素をつなげていってみてください。

このようなふり返り方を通して、教科書の教材を深く理解して授業ができたかどうかを評価するといいでしょう。

ふり返りの具体策⑫
自身でレポートをつくり評価する

レポートを書いてみる

　少し手間はかかりますが、間違いなく授業を評価し、改善することができる方法に「レポートを書く」というものがあります。レポートを書くには、これまでの紹介した「板書写真」や「授業を録音したもの」を手掛かりにして書いていくとスムーズに書くことができるでしょう。

　では、どのような種類のレポートがあるのでしょうか。ここでは、2つ紹介します。

> ① 記録型
> ② 提案型

① 記録型

　まず「記録型」というのは、自分の授業を時系列にふり返って記事にしていくものです。導入の場面から展開、そして終末と、時系列に書き綴っていきます。その際には次のようなことを書いていきましょう。

> □ 発問、指示、説明、教師の動きなど
> □ 子どもの反応
> □ そのときに感じたことや考え

　記録型では、ただ事実を並べていくだけでも十分に効果はあるのですが、そこに、教師自身がそのときに感じていたことや後に考えたことをつけ加えて書くことで、より意味のあるレポートへと変えていくことができます。

　さらに、記録型の1つとして「授業記録を書く」という方法があります。

これは、授業で話した教師の声と子どもの声をできるだけ書き起こしていくというものです。昔から「テープ起こし」とも言われています。

「テープ起こし」をするには、授業を録音し、そこから聞こえてくる声を書き起こしていくわけですが、「授業者の声や子どもの声がはっきりと聞こえる声で録音すること」に注意しなくてはいけません。聞こえが悪いと、何度も巻き戻して聞き直すことになり、膨大な時間を要してしまうことがあります。

また、最近は「音声入力」の質も上がってきています。録音から聞こえてくる声をそのまま音声で入力することがスムーズにいけば、これまでにタイピングしてきたスピードよりもうんと速く「テープ起こし」が可能となります。

② 提案型

「提案型」は授業のすべてを扱う必要はありません。授業のある場面を切り取ってレポートしてもよいのです。ただ、そこには、

人に伝えたい何か

が存在していることが大前提です。つまりは「だれかに読んでもらう」ということを前提として書くレポートなのです。

周囲の人に発信したいことが明確になっているときには、授業の場面を切り取ってある「提案型」レポートの作成をするのがいいでしょう。

② 人に手渡して意見を聞く

せっかく書いたレポートです。提案型のみならず、記録型のレポートでもできる限りの人に手渡し、さまざまな意見を聞きましょう。

もちろん、耳が痛くなるような意見をいただくこともありますが、そうしたことを続けることで必ず授業がよくなっていきます。

レポートは何を使って書いてもかまいません。紙に手書きでも、パソコンやスマホで打つなどでもいいでしょう。書きたいと思ったときに、使えるものを使います。また、ページ数も1ページものから、5ページほどのものまでさまざまです。「とにかく書く」という行為に挑戦してみてください。

コラム ❹ 道徳科での評価は「よいところ見つけ」

　道徳の評価について、マイナスのイメージをもっている方は少なくないのではないでしょうか。

　「何を評価するのか」

　「どうやって評価すればいいのか」

　「評価をすることは本当に必要なのか」

　きっと、さまざまな疑問をおもちかもしれません。

　しかし、私はこのことに対して、次のような印象をもっています。

　・道徳の評価をすることにわくわくしている

　言い換えると、

　・道徳の授業時間での子どもたちのキラリを見つけることが楽しみ

ということです。

　道徳科の評価では、当然ですが、子どもたちのよいところを見つけます。そして、その子が道徳の時間で最も輝いていたと教師が思うことを子ども自身や保護者へと返していくのです。

　つまり「道徳の授業時間内は、子どものキラリを探す時間」なのです。

　また、私が道徳科の授業においての楽しみにしていることがあります。それは、

　・子どものノートを授業後に回収すること

です。

　子どもたちのノートには、授業時間内に書かれたさまざまな意見やその意見に対してどう感じたかなどがぎっしりと書かれています。「今回の授業で子どもたちは何を感じているのだろう」というわくわくが子どものノートを読むたびにわきあがってきます。

　もしかしたら、道徳科の評価におけるマイナスなイメージをおもちだったかもしれない読者の皆様。ぜひ、このページを読みおえた後には「道徳の評価は子どもたちのキラリを探すわくわくの時間だ！」と思い直してみませんか。

　それによって、道徳の評価への思いが変わり、道徳の授業への思いもまた変化するのだと思います。そうすることで、道徳の授業自体も変わってきます。

おわりに

　本書を最後までお読みいただきありがとうございました。
　道徳科の評価への不安や疑問は少しでも解消されたでしょうか。
　文部科学省は評価の具体例を提示していません。自分達の示した方針の内であれば、評価は各学校で決めるものとされています。
　つまり、子どもを励まし、保護者へ子どもの姿を知ってもらえるものであれば、道徳評価への自由度は高いということです。本書を読んで、

　　評価しなければ… ➡ 早く評価したい！

と、私のような思考に変換することができたなら幸いです。
　子どもたちは授業の中で、さまざまな姿を見せてくれています。教師はその姿や多様な意見をもっと引き出そうとして「よりよい授業を開発していく」、そして「子どものよい面をキャッチしていく」のです。それが、道徳の評価の記述へとつながります。つまり、道徳の評価というのは「子どもたちのよいところ見つけ」なわけです。
　評価をどのように表現すればよいのかわからなくなったら、また本書をお開きください。何度でもみなさんのお役に立てる内容になっております。また、みなさんと本を通じてお会いできるのが楽しみです。

　最後に、フォーラム・Ａの田邉光喜さんには、本書制作に多大なアドバイスをいただき、ここまで一緒に制作させていただきました。厚く御礼申し上げます。
　道徳の評価が充実することが、さらに子どもたちの心を豊かにすることを願って、筆を置かせていただきます。

2019年2月　丸岡 慎弥

【著者】
丸岡　慎弥（まるおか・しんや）
　1983年、神奈川県生まれ。三重県育ち。大阪市公立小学校勤務。関西道徳教育研究会代表。教育サークルやたがらす代表。銅像教育研究会代表。3つの活動を通して、授業・学級経営・道徳についての実践を深め、子どもたちへ、よりよい学び方・生き方を伝えるために奮闘中。道徳を中心として授業づくり・学級づくりにもっとも力をそそいでいる。現在は、NLPやCoachingを学び、教育実践に取り入れることで、独自の実践を生み出している。

【著書】『日本の心は銅像にあった』（2015、育鵬社）、『ココが運命の分かれ道！？ 崩壊しない学級づくり 究極の選択』（2016、明治図書）、『やるべきことがスッキリわかる！ 考え、議論する道徳授業のつくり方・評価』（2018、学陽書房）、『子どもの深い学びをグッと引き出す！ 最強のノート指導』（2018、学陽書房）、『話せない子もどんどん発表する！ 対話力トレーニング』（2019、学陽書房）。

【共著】『朝の会・帰りの会 基本とアイデア184』（2014、ナツメ社）、『プロ教師＆弁護士が正しくアドバイス！ 教師を守る保護者トラブル対応術』（2016、学陽書房）などほか多数。

取り外せる文例集つき！ 現場発！
小学校「特別の教科 道徳」の見取り・評価 パーフェクトブック

2019年4月10日　第1刷発行
　　　著　者　　丸岡慎弥　©2019
　　　発行者　　蒔田司郎
　　　発行所　　フォーラム・A
　　　　　　　　〒530-0056　大阪市北区兎我野町15-13
　　　　　　　　TEL　06(6365)5606
　　　　　　　　FAX　06(6365)5607
　　　　　　　　振替　00970-3-127184

　　　デザイン　　NONdesign（小島トシノブ）
　　　印　刷　　尼崎印刷株式会社
　　　製　本　　株式会社髙廣製本
　　　制作編集担当　田邉光喜

ISBN978-4-89428-967-3　C0037
乱丁・落丁本は、送料小社負担にてお取り替え致します。

もくじ

評価文例集 通知表に使える！ ７３２文例

- 通知表用文例集の使い方 …………………………………………… 2
- 授業場面別での具体策 ❶ 「授業のねらいから見取る」
  の評価文例 低・中・高 ………………… 4
- 授業場面別での具体策 ❷ 「教材との出会いから見取る」
  の評価文例 低・中・高 ………………… 10
- 授業場面別での具体策 ❸ 「授業で扱う中心発問から見取る」
  の評価文例 低・中・高 ………………… 16
- 授業場面別での具体策 ❹ 「授業の感想から見取る」
  の評価文例 低・中・高 ………………… 22
- 授業場面別での具体策 ❺ 「授業後に期待される行動から見取る」
  の評価文例 低・中・高 ………………… 28
- 授業場面別での具体策 ❻ 「子どもたちの変容から見取る」
  の評価文例 低・中・高 ………………… 34
- 授業場面別での具体策 ❼ 「子どもたちの自己評価から見取る」
  の評価文例 低・中・高 ………………… 40
- 授業場面別での具体策 ❽ 「長期的な視点から見取る」
  の評価文例 低・中・高 ………………… 46
- 授業タイプ別での具体策 ① 「登場人物への自我関与が中心の学習から見取る」
  の評価文例 低・中・高 ………………… 52
- 授業タイプ別での具体策 ② 「問題解決的な学習から見取る」
  の評価文例 低・中・高 ………………… 58
- 授業タイプ別での具体策 ③ 「体験的な学習から見取る ① ～役割演技～」
  の評価文例 低・中・高 ………………… 64
- 授業タイプ別での具体策 ④ 「体験的な学習から見取る ② ～道徳的行為～」
  の評価文例 低・中・高 ………………… 70

評価文例集 指導要録に使える！ ４５文例

- 指導要録文例集の使い方 …………………………………………… 76
- 低・中・高学年用の文例 …………………………………………… 77

ワーディングリスト ………………………………………………… 80

通知表用文例集の使い方

　本別冊には、計７７７個の評価文例を収録いたしました。
　これらは、私が現場で子どもたちと道徳科の授業をする中で生まれたものであり、教師と子どもたちとの間で生まれたものです。「子どもたちのよいところを認め、励ますもの」「保護者が読んでも子どもたちの道徳科での授業の姿や発言が見えるもの」となっています。きっと「学級担任ならこんな評価文を送ってみたい」と思えるものになっていると思います。
　また、現場で実用に叶うよう、以下のようにカテゴリー分けをしました。

- １２の見取り方・評価方法を想定して収録（見開き左上の項目名は、本冊第３章の各項目とリンクしています）
- さらに、低・中・高学年向けに分けて収録し、その学年に必要なすべての内容項目を網羅（見開き右上に低・中・高のアイコンを入れています）
- 番外編として、指導要録対応の評価文例も巻末に４５例収録

これらの特長があります。
　また、類書とは違い、文例集部分を別冊仕様としたことで自由に取り外して使用ができます。そうすることで、

- 押さえいらずで、お手元や机の上に開いて置いておくことができる
- 文例集を見ながら、対応している本冊の第３章を眺められる

　時間も限られた学期末の学年末の評価文作成時に、この利点を活かしていただければ、と工夫させていただきました。

〇評価文作成の３種の方法
　本別冊の使い方にも、読者の方の立ち位置や目的でさまざまあるかと思います。
① 本文例を参考に、教材名などを入れて評価文をほぼそのまま作成する
② 本文例をもとに、本冊と合わせて自分なりに評価文を作成する
③ 本文例を批判的に読み、さらによりよい評価文を創造する

　本別冊を手に取られた方には、まず道徳の評価について知りたい人（初級者）から、もう一歩先の道徳評価について考えたい人（中級者）、さらに発展させ、独自の評価文を作成したい人（上級者）など、さまざまでしょう。
　それぞれの人が、それぞれの目的別

に活用していただければ幸いです。

　例えば、①のような自分はまだ初心者だと考えている人が使用する場合には、次のような手順を踏みましょう。
手順１：使いたい項目（「ねらいから評価を見取る」など）を選ぶ
手順２：作成する学年のページを選ぶ
手順３：扱う内容項目（「友情・信頼、家族愛など」）を選ぶ
手順４：（必要であれば）使用した教材名を文中に入れる

　この４つの手順を確実に踏むことで、きっと、道徳の評価文の作成経験が少ない方のお役に立ちます。さらには、これから教職に就かれ、道徳の評価文を作成しなければならない方にも、実際に自分が現場で作成するときのイメージづくりに大いに役に立つのではないかと思います。

　②のように活用されるという方は、通知表の時期よりも前に、次のように活用してみてはいかがでしょうか。
手順１：本別冊の評価文例を読む
　　　　（できれば、その文例に対応した第３章を合わせて読むことで、より理解が進みます）
手順２：実際の授業での子どもたちの意見や学習の様子についてなど、より具体的な記述を入れて、評価文をより発展させる

　道徳科での評価の大きな役割は、保護者や子ども自身に、授業で見せた子どもたち１人ひとりの特によい点を伝えることです。そして、評価をする先生にとっても、その子のよさをしっかり確認するための大切な過程となります。本別冊の評価文例に子どもたちの授業での意見や学習状況などを取り入れることで、さらに踏み込んだ評価文を作成しましょう。

　普段から考えることで、より子どもを見る目がつき、実際の評価の際にその効果をより感じることができます。

　最後に、③のように使用される場合は、本別冊に収録した700以上の評価文例を批判的に読んでいただくことで、各学級や学校により合わせた評価文の研究に役立てることができます。１２のカテゴリーで、低・中・高学年向けのすべての内容項目をそれぞれ扱っているので、どんな切り口からでも考えることができます。

　校内研修などでも扱っていただき、本書を活用してよりよい評価文を作成する研修も１つの方法かと思います。

　さまざまな方法でご活用いただき、子どもたちに贈る道徳科での評価文が、より充実したものになることを心より願っています。

授業場面別での具体策 ❶
「授業のねらいから見取る」の評価文例

本冊44〜45頁

善悪の判断，自律，自由と責任
友達からの誘いと約束とで迷いながらも自分で「いけないことはしない」と決めることのできた主人公のほっとした気持ちを考えることを通して，よいと思うことを進んで行おうとする気持ちをもつことができました。

節度，節制
物の使い方を大切にすることが物を大切にすることにつながることに気がつき，身近な物を大切にしていこうとする姿勢を見ることができました。

希望と勇気，努力と強い意志
自分の心の中にある「弱い心」に負けたくないという気持ちがあることに気がつき，弱い心に克って，自分がやらなければならない勉強や仕事をしっかりと行おうとする姿勢を見ることができました。

正直，誠実
正直な人に対しては認めてやりたいという気持ちになり，ウソをついた人にはそれはいけないという気持ちになることがわかったことで，よいことと悪いこととは何かということを判断する力をもつことができました。

個性の伸長
自分や友だちのよいところについて考えることを通して，よいところが見つかると気分がよくなることに気がつき，自分のよいところをもっと見つけていこうとする姿勢を見ることができました。

親切，思いやり
感謝の言葉を伝えてもらえたことを通して，人に親切にすることへの喜びに気がつき，身近にいる人によりあたたかい気持ちで接し，親切にしようとする気持ちをもつことができました。

礼儀
電話の応対のマナーを体験的に学習することで，主人公の行動のよさに気がつき，身近な人々に礼儀正しく接していこうとする気持ちをもつことができました。

感謝
お話「〇〇〇〇」を学習することを通して，自分の親がもつ自分を思う無償の愛に気がつき，家族に感謝しようとする気持ちをもつことができました。

友情，信頼
友だちを悲しませて，自分たちだけで遊んでも本当の意味では楽しくないことやみんなと仲良く遊んだ方が楽しいことに気がつくことができ，より友だちと仲良く助け合っていこうとする気持ちをもつことができました。

低 中 高

C

規則の尊重
みんなで使うものを自分さえよければよいという使い方をすることへの問題を考えることを通して、みんなが気持ちよく生活するためにはどうしたらよいか真剣に考えることができました。

勤労，公共の精神
みんなのために働くことでみんなが喜んだり、感謝したり、認めてくれたりすることに気がつくことを通して、みんなのためにより進んで働こうとする姿勢を見ることができました。

よりよい学校生活，集団生活の充実
みんなが助け合うと楽しい学校生活を送ることができることに気がつき、自分もみんなのためにできることをやろうとする意欲をもつことができました。

国際理解，国際親善
外国の友だちと交流して仲良くなり、友だちになった主人公の気持ちを考えることを通して、他国の人々や文化により親しもうという気持ちをもつことができました。

公正，公平，社会正義
登場人物〇〇〇〇がとってしまった言動の気持ちをよく考えたうえで、その言動が過ちであったことに気がついていく姿に共感することで、だれに対しても公平に接していこうとする気持ちをもつことができました。

家族愛，家庭生活の充実
自分が家族に愛され大切にしてもらっていることに気がつくことを通して、より家族を大切にし、自分にできることをやろうとする気持ちをもつことができました。

伝統と文化の尊重，国や郷土を愛する態度
祭りに愛着を感じる主人公の思いを考えることを通して、郷土の文化や生活に親しみをもち、愛着をもって地域に関わっていこうとする姿を見ることができました。

D

生命の尊さ
大きくなるということは自分が生きているということだと気がつき、自分の生命や他人の生命をより大切にしていこうとする気持ちをもつことができました。

感動，畏敬の念
自然の中にある美しさや不思議さ、神秘さを考え、自然に直接ふれることで、自然には神秘的で不思議な力があることに気がつき、それに感動する気持ちをもつことができました。

自然愛護
アンリ・ファーブルの昆虫への思いについて考えることを通して、身近な自然に親しみ、動植物によりやさしい心で接していこうとする気持ちをもつことができました。

授業場面別での具体策 ❶
「授業のねらいから見取る」の評価文例

本冊44〜45頁

A

善悪の判断，自律，自由と責任
自分で正しいと思ったことを、その場の状況や自分の関心などに流されず行うことのよさについて考え、よいと思うことを進んで行動に移そうとする気持ちをもつことができました。

正直，誠実
ゲームや遊びなどで「ズル」をして勝ったとしてもうれしい気持ちにならず、むしろ悲しさや後ろめたさをもつことに気がつき、正直に明るい心で生活しようとする気持ちをもつことができました。

節度，節制
自分で決めたことをきちんと守れないときには「嫌な気持ちになる」ということに気がつくことを通して、自分でできることは自分でやり、節度のある生活をしようとする意欲をもつことができました。

個性の伸長
お話「〇〇〇〇」を読み、他の人々の多様な個性や生き方に触れることを通して、自分らしさについて考え、自分のよいところを伸ばしていこうとする気持ちをもつことができました。

希望と勇気，努力と強い意志
お話「〇〇〇〇」では、物事に精いっぱい打ち込むことへのすばらしさを考えることを通して、強い意志をもってやるべきことを粘り強くやり抜こうとする気持ちをもつことができました。

B

親切，思いやり
お話「〇〇〇〇」を読み、主人公の行動を通して、次に来る人たちのために自分がすべきことをするすばらしさに気がつき、進んで人を思いやる行動を取ろうとする態度が見られました。

感謝
自分の生活を支えてくれている人たちの存在について改めて考え、そのことが当たり前のことではないことに気がつくことを通して、感謝の心をもって過ごしていこうという意欲をもつことができました。

礼儀
お話「〇〇〇〇」を読み、あいさつをすることが自分の気持ちを高揚させることに気がつき、自分自身も進んでたくさんの人にあいさつをしようという姿勢をもつことができました。

友情，信頼
お話「〇〇〇〇」を読み、相手の身になって考えることを通して、信頼を築くよさに気がつき、困っているときにお互いに助け合うことのよさについて考えることができました。

相互理解，寛容
お話「〇〇〇〇」を読み、相手の立場や状況を理解することの大切さを考えることを通して、互いを理解し尊重し合うことの大切さに気がつくことができました。

C

規則の尊重
お話「○○○○」を読み、社会できまりを守ることの大切さやよさについて自分の体験とつなげることで気がつき、公共のものを大切にしようとする意欲をもつことができました。

勤労，公共の精神
主人公「○○○○」の姿を知ることを通して、どんなときでも自分の役割を自覚し、主体的に責任を果たそうとする意欲をもつことができました。

よりよい学校生活，集団生活の充実
学級のよさを見つけることに喜びを感じ、自分たちの学級のよさをさまざまな面から考えることを通して、みんなで協力して楽しい学級をつくろうという態度が見られました。

国際理解，国際親善
国や文化が違っても、お互いを思って助け合っていることに気がつき、国際親善に努めようとする気持ちをもつことができました。

公正，公平，社会正義
お話「○○○○」を読み、主人公○○○○の気持ちの変化を考えることを通して、だれに対しても偏った視点で見ることをせず、公正で公平な態度で接することの大切さに気がつくことができました。

家族愛，家庭生活の充実
お話「○○○○」を読み、主人公の気持ちの変化を感じることで、自分も家族の一員として役割を果たすことのうれしさに気がつき、積極的に家族と関わろうとする姿勢をもつことができました。

伝統と文化の尊重，国や郷土を愛する態度
お話「○○○○」を通して、日本の食文化に関心をもち、長く受け継がれている日本特有の文化を大切にしようという気持ちをもつことができました。

D

生命の尊さ
お話「○○○○」の主人公○○○○が感じた生命の重さを考えることを通して、かけがえのない生命の大切さを知り、与えられた生命を一生懸命に生きようという気持ちをもつことができました。

感動，畏敬の念
お話「○○○○」を通して、人の心の中にはすばらしいものや美しいものがあるということに気づき、そのことに感動して大切にしようとする気持ちをもつことができました。

自然愛護
お話「○○○○」を読み、私たちの生活と野生動物の関係について話し合うことを通して、私たちの生活が野生動物をおびやかしていることに気がつき、自然や動植物を大切にしようという気持ちをもつことができました。

授業場面別での具体策 ❶
「授業のねらいから見取る」の評価文例

本冊44〜45頁

善悪の判断，自律，自由と責任
お話「〇〇〇〇」を読み，登場人物〇〇〇〇の行動を通して，自由とは何かについて深く考え，自分の行動を律しながら過ごしていこうとする態度が見られました。

正直，誠実
お話「〇〇〇〇」を読み，主人公〇〇〇〇の葛藤について考えることを通して，「誠実に行動することとは何か」ということへの自分なりの考えをもつことができました。

節度，節制
お話「〇〇〇〇」を読み，主人公〇〇〇〇の行動について考えることを通して，携帯電話やスマートフォンなどをもったときに自分がどのようなことに気をつければよいかについて考えることができました。

個性の伸長
お話「〇〇〇〇」を読み，主人公の思いや行動を考えることを通して，自分の長所をさまざまな面から考えることや短所と思うことも自分の特徴ととらえなおし，自分のよいところを伸ばそうとする態度が見られました。

希望と勇気，努力と強い意志
お話「〇〇〇〇」を読み，〇〇〇〇さんの生き方を学ぶことを通して，より高い目標を立てて，これからはそれに向けて希望や勇気をもって努力していこうという意欲をもつことができました。

真理の探究
お話「〇〇〇〇」を読み，〇〇〇〇の生き方を学ぶことを通して，何か新たなことを知るには，改良したり発展させようとしたりすることをし続け，真理を探究することが必要だと気がつくことができました。

親切，思いやり
「思いやり」とは何かについて考えることを通して，だれに対しても思いやりの心をもち，相手の立場に立って行動していこうとする意欲をもつことができました。

感謝
お話「〇〇〇〇」を読み，主人公〇〇〇〇の行動について話し合うことを通して，多くの人たちに生活を支えてもらっていることへの感謝の気持ちをもち，それに応えようとする気持ちをもつことができました。

礼儀
お話「〇〇〇〇」では，〇〇〇〇の礼儀を知ることを通して，相手を敬い尊重する気持ちを示すことの意義について考え，場をわきまえた行動を取ろうとする意欲をもつことができました。

友情，信頼
お話「〇〇〇〇」を読み，登場人物の行動や言葉を考えることを通して，本当の友情について考え，男女ともに仲良くしていこうとする意欲をもつことができました。

相互理解，寛容
お話「〇〇〇〇」を読み，登場人物のそれぞれの気持ちを考えることを通して，それぞれの立場の意見を尊重することが，お互いを理解するきっかけとなることに気がつくことができました。

C

規則の尊重
お話「〇〇〇〇」を読み、自分の権利を使うことについて考えを深め、よりよい生活のために大切なことを守ろうとする意欲をもつことができました。

公正，公平，社会正義
お話「〇〇〇〇」を読み、差別や偏見が間違っていることに改めて気づき、だれに対しても公正、公平な態度で接しようとする意欲をもつことができました。

勤労，公共の精神
お話「〇〇〇〇」を読み、学級のみんなと感じたことを話し合うことを通して、社会のために働くことの意義と喜びに気づき、働くことへの意欲をもつことができました。

家族愛，家庭生活の充実
お話「〇〇〇〇」を読み、登場人物のやり取りから、家族がお互いを思いやっていることに気がつき、自分も家族の一員として、何か役に立つことをしたいという意欲をもつことができました。

よりよい学校生活，集団生活の充実
お話「〇〇〇〇」を読み、主人公〇〇〇〇が自分の学校のことについて考え、うれしくなっている姿から、自分たちの学校のよさに気づき、よりよい学校をつくろうとする意欲をもつことができました。

伝統と文化の尊重，国や郷土を愛する態度
お話「〇〇〇〇」を読み、相手を敬ったり気遣ったりする気持ちを形として表す作法の意義を理解することを通して、自分たちの国の伝統や文化のよさを改めて感じることができました。

国際理解，国際親善
日本に伝わる伝統や文化、それを守ろうとする人の生き方を知ることを通して、伝統や文化を大切にしようとする気持ちをもつことができました。

D

生命の尊さ
お話「〇〇〇〇」を読み、登場人物〇〇〇〇の気持ちを考えることを通して、限られた生命を精いっぱい生きることの意味について考え、生命を大切にしようとする姿が見られました。

自然愛護
お話「〇〇〇〇」を読み、登場人物〇〇〇〇の活動を知ることを通して、日々の小さなことから自然保護活動につながっていくことがあることを感じることができました。

感動，畏敬の念
お話「〇〇〇〇」に描かれた登場人物に対して感じたことを交流し、その気持ちを考えることを通して、それはだれもがもっている美しい心なのだと気がつくことができました。

よりよく生きる喜び
お話「〇〇〇〇」を読み、主人公〇〇〇〇さんの生き方を考えることを通して、自分も苦しいことがあってもそれを乗り越え、よりよく生きていこうとする意欲をもつことができました。

授業場面別での具体策 ❷
「教材との出会いから見取る」の評価文例

本冊46～47頁

A

善悪の判断，自律，自由と責任
お話「〇〇〇〇」を読み、登場人物のやり取りを通して、いけないことはいけないと友だちどうしでも言い合うことの大切さを感じ、善いことと悪いこととは何かを考えることができました。

正直，誠実
お話「〇〇〇〇」を読み、登場人物がどうして正直にすることができないのかを考えることを通して、正直でいるためにはどうすればいいのかを考えることができました。

節度，節制
お話「〇〇〇〇」を読み、お話の中の登場人物のやり取りを考えることを通して、自分たちの生活の中でも時間を守って過ごすことの大切さに気がつくことができました。

個性の伸長
お話「〇〇〇〇」を読み、お話の中で登場人物がそれぞれのよいところへ目を向けている姿を通して、自分のよいところとはなんだろうと自分に目を向け、自分のよさに気がつくことができました。

希望と勇気，努力と強い意志
お話「〇〇〇〇」を読み、懸命にがまんを続け、希望をもった主人公の姿から努力のよさに気づき、自分も進んで努力しようという意欲をもつことができました。

B

親切，思いやり
お話「〇〇〇〇」を読み、主人公のさまざまな親切に気がつき、自分がこれまでに受けた親切をふり返り、親切のよさについて気がつくことができました。

感謝
お話「〇〇〇〇」を読み、〇〇〇〇が〇〇〇〇に気がついた感謝の思いを考え、自分たちも大切な人たちに支えられて生きていることに気がつき「ありがとう」の気持ちをもつことができました。

礼儀
お話「〇〇〇〇」に掲載されているあいさつのイラストを見て気がついたことを交流することで、普段自分たちがどのようなあいさつをしているのかをふり返りながら、あいさつの大切さに気がつくことができました。

友情，信頼
お話「〇〇〇〇」を読み、助け合う動物たちの姿を見て、友情の大切さを感じ、友だちがいることのすばらしさに気がついたことで、これからも友だちを大切にしようという気持ちをもつことができました。

C

規則の尊重
お話「〇〇〇〇」を読み、ベンチに座った女の子の様子を知り、考えることで、生活の中でルールを守る大切さに気がつくことができました。

公正，公平，社会正義
お話「〇〇〇〇」を読み、遊んでいるときでも困っている友だちがいることに気がつき、みんなと同じように接することの大切さを理解したことで、公正、公平に行動する意欲をもつことができました。

勤労，公共の精神
お話「〇〇〇〇」に登場する「〇〇〇〇」が、家族のお手伝いをして喜びを感じている姿と自分の生活体験を重ね合わせ、人の役に立つ喜びに気がつくことができました。

家族愛，家庭生活の充実
お話「〇〇〇〇」を読み、「ぼく」が、保育所の頃のお母さんとのやり取りを思い出してお母さんからの愛に気がついたことを考え、家族愛のよさについて考えることができました。

よりよい学校生活，集団生活の充実
お話「〇〇〇〇」を読み、学校生活にはたくさんの楽しみがあることに気がつけたことで、これからの学校生活に意欲をもつことができました。

伝統と文化の尊重，国や郷土を愛する態度
お話「〇〇〇〇」を読み、季節の行事について考え、その意味が昔から今まで続いていることに気がつき、自分もそれを大切にしていこうという気持ちをもつことができました。

国際理解，国際親善
お話「〇〇〇〇」を読み、主人公と外国の人たちと切磋琢磨する姿から、たくさんの国の人とふれあうことのよさを感じ、進んで他国の人とつながりをもちたいという意欲を感じることができました。

D

生命の尊さ
お話「〇〇〇〇」を読み、動物が生まれた瞬間の尊さに心を動かし、自分も動物や植物を大切にしていきたいという自然を大切にする心をもつことができました。

自然愛護
お話「〇〇〇〇」を読み、食事を通して自分たちも命をいただいて生きていることに気がつき、身近にある自然を大切にしようという気持ちをもつことができました。

感動，畏敬の念
お話「〇〇〇〇」を読み、懸命に咲くたんぽぽや松の木でつくるバイオリンに感動し、美しいものへ触れることのよさに気がつくことができました。

授業場面別での具体策 ❷
「教材との出会いから見取る」の評価文例

本冊46〜47頁

善悪の判断，自律，自由と責任
お話「〇〇〇〇」では、クラス対抗リレーで主人公がどうするべきか悩んでいる姿を考えることで、自分がその立場ならどうするかと真剣に考えることができました。

正直，誠実
お話「〇〇〇〇」を読み、漢字テストが返却された主人公が自分のしたことに悩み、決断した姿を見ることを通して、自分のしたことを隠さずに過ごすことのよさに気がつくことができました。

節度，節制
お話「〇〇〇〇」では、主人公がお父さんの話を聞き、物を大切にすることのよさに気がつくことを通して、自分の物をピカピカにしたいという意欲をもつことができました。

個性の伸長
お話「〇〇〇〇」を読み、ひびわれた水がめがなし得たことのよさを通して、自分のよくないと思っていたことでもその見方を変えようと考えることができました。

希望と勇気，努力と強い意志
お話「〇〇〇〇」を読み、主人公の世界中のだれよりもたくさん練習したと思う姿から、自分も自分なりの努力を積み重ね続けようとする意欲をもつことができました。

親切，思いやり
お話「〇〇〇〇」を読み、登場人物のおばあちゃんに対する思いやりをもつことのよさに気づき、自分も進んで思いやりをもった行動を取ろうという意欲をもつことができました。

感謝
お話「〇〇〇〇」を読み、村人が心から感謝する姿を知り、自分も感謝をされるような行動を取りたいという意欲をもつことができました。

礼儀
お話「〇〇〇〇」を読み、横断歩道や運動広場であいさつをする登場人物の思いを知ることを通して、あいさつをすることの意味についてよく考えることができました。

友情，信頼
お話「〇〇〇〇」を読み、登場人物の本音でやり取りする姿を考えることを通して、自分も友だちのことを大切にしていこうと考えることができました。

相互理解，寛容
お話「〇〇〇〇」を読み、登場人物の父と息子がするやり取りを考えることを通して、相手のことを許すことの大切さに気がつくことができました。

C

規則の尊重
お話「〇〇〇〇」を読み、登場人物のある一言について考えることを通して、きまりとは何のためにあるかということを立ち止まってしっかり考えることができました。

公正，公平，社会正義
お話「〇〇〇〇」を読み、登場人物の「しょうがい」に対する考え方をうったえる姿を知ることを通して、公平に接するためにはどうすればよいかを考えることができました。

勤労，公共の精神
お話「〇〇〇〇」を読み、登場人物が自分のできることは何かを考え、復興を目指した姿を見て、自分も自分の役割や仕事を通して人の役立ちたいという思いをもつことができました。

家族愛，家庭生活の充実
お話「〇〇〇〇」を読み、涙を流す〇〇〇〇が家族とのつながりを感じていたことを通して、自分も自分の家族とのつながりについて深く考えることができました。

よりよい学校生活，集団生活の充実
お話「〇〇〇〇」を読み、学校を汚してしまった〇〇〇〇と卒業前に学校をきれいにする6年生の姿を知ることを通して、自分はどのように学校に関わっていくべきかを考えることができました。

伝統と文化の尊重，国や郷土を愛する態度
お話「〇〇〇〇」を読み、地域のよさを生かして盛り上げようとする取り組みを知ることを通して、自分たちの地域では何ができるのかについて向き合って考えることができました。

国際理解，国際親善
お話「〇〇〇〇」を読み、主人公がどちらの国にもそれぞれのよさがあることに気がつく姿を通して、いろいろな国のよさについて見つけようとすることができました。

D

生命の尊さ
お話「〇〇〇〇」を読み、自分のむねに手を当て、心臓の鼓動から何かを感じる〇〇〇〇さんの姿を通して、生命の尊さについて向き合うことができました。

自然愛護
お話「〇〇〇〇」を読み、〇〇〇〇がふるさとの自然を大切にしながら作品をつくり続けた姿を知ることを通して、改めて身の回りの自然と向き合うことができました。

感動，畏敬の念
お話「〇〇〇〇」を読み、この山にさく花の意味を知ることを通して、一面に広がる花に対するすばらしさを感じていました。

授業場面別での具体策 ❷
「教材との出会いから見取る」の評価文例

本冊46〜47頁

A

善悪の判断，自律，自由と責任
お話「〇〇〇〇」を読み、夜通しおしゃべりをする〇〇〇〇と、翌朝貧血で倒れてしまった〇〇〇〇の姿を考えることを通して、「自由と責任とは何か」について深く考えることができました。

正直，誠実
お話「〇〇〇〇」を読み、勝手に他人の作品を使ってしまった主人公の心の揺れについて考えることを通して、正直でいることのよさについて考えることができました。

節度，節制
お話「〇〇〇〇」を読み、食べ残されたえびを見て、涙する〇〇〇〇の心情に触れ、自分の食生活について改めて考えることができました。

個性の伸長
お話「〇〇〇〇」を読み、3つの詩との出会い、その意味を考えることを通して、自分のよさとは何か向き合うことができました。

希望と勇気，努力と強い意志
お話「〇〇〇〇」を読み、困難を何度も乗り越える〇〇〇〇さんの生き方を通して、自分の夢や目標に向かって努力をしようという強い意欲をもつことができました。

真理の探究
お話「〇〇〇〇」を読み、次々と起こる問題に立ち向かい真理を探究する〇〇〇〇さんの生き方から、自分の人生でもそうしたことに取り組めるようになりたいという意欲をもつことができました。

B

親切，思いやり
お話「〇〇〇〇」を読み、命をけずって相手を思いやる登場人物の姿から「思いやりとは何か」を考え、これからも思いやりある行動を取ろうという気持ちをもつことができました。

感謝
お話「〇〇〇〇」を読み、「ありがとう」について考える主人公の姿を通して、自分の考える「ありがとう」について見つめることができました。

礼儀
お話「〇〇〇〇」を読み、礼の心を形にするとはどういうことかを考え、自分の思いを相手に伝えるために礼儀があるということに気がつくことができました。

友情，信頼
お話「〇〇〇〇」を読み、3人の友人への思いを深く考えることを通して、本当の友だちとは何か心を向き合わせることができました。

相互理解，寛容
お話「〇〇〇〇」を読み、登場人物〇〇〇〇の〇〇〇〇に対する思いを考えることを通して、寛容な気持ちをもって人と接するべき場面があることに気がつくことができました。

低　中　高

C

規則の尊重
お話「〇〇〇〇」を読み、身の回りにある掲示物について、どうしてこのような掲示物がつくられるのかを考え、自分の行動をどうすべきか考えることができました。

公正，公平，社会正義
お話「〇〇〇〇」の中で起こっている問題について真剣に考えることを通して、「いじめは絶対に許されない」という強い気持ちをもつことができました。

❷

勤労，公共の精神
お話「〇〇〇〇」を読み、めぐまれない人々のために生きた登場人物〇〇〇〇のした行動や気持ちに感銘を受け、自分が将来している仕事の姿を見つめることができました。

家族愛，家庭生活の充実
お話「〇〇〇〇」を読み、父の姿のうらにある思いに気づいた主人公の姿から、自分の家族の思いについて真剣に考えることができました。

よりよい学校生活，集団生活の充実
お話「〇〇〇〇」を読み、お話の中で劇発表に取り組んでいる登場人物に思いを重ね、自分も協力することで、よりよい学級をつくっていこうという気持ちをもつことができました。

伝統と文化の尊重，国や郷土を愛する態度
お話「〇〇〇〇」を読み、昔の外国人の随筆から日本の伝統文化のよさに気がつき、これからも日本の文化や人々を大切にしていこうという気持ちをもつことができました。

国際理解，国際親善
お話「〇〇〇〇」を読み、〇〇〇〇さんの生き方を通して、日本の文化を発信することで他国の人ともより交流ができるということに気がつくことができました。

D

生命の尊さ
お話「〇〇〇〇」を読み、ぼくのおじいさんのさいごの姿を見て生命には限りがあるということの意義について考え、生命に対する考えをより深めることができました。

自然愛護
お話「〇〇〇〇」の中で取り上げられている〇〇〇〇の活動を知り、自然の壮大さや神秘さに改めて気がつき、自然を大切にしていこうという意欲をもつことができました。

感動，畏敬の念
お話「〇〇〇〇」を読み、主人公が求め続けた顔が母であったことに感動し、本当の美しさとは何かについて考えることができました。

よりよく生きる喜び
お話「〇〇〇〇」では、２０年以上洞門をほり続けた〇〇〇〇の姿を考えることを通して、自分の人生をよりよく生きようと考えることができました。

授業場面別での具体策 ❸
「授業で扱う中心発問から見取る」の評価文例

本冊48〜49頁

善悪の判断，自律，自由と責任

お話「〇〇〇〇」では，主人公が事故をふり返る場面について考えることを通して，正しいことを行うことの大切さについて気がつくことができました。

正直，誠実

お話「〇〇〇〇」を読み，主人公が正直になろうかどうか迷っているときの気持ちを考え，正直へのよさについて考えることができました。

節度，節制

お話「〇〇〇〇」では，主人公の「〇〇〇〇」と言ったときの気持ちを考えることを通して，自分のことは自分でするという気持ちをもつ大切さに気がつくことができました。

個性の伸長

お話「〇〇〇〇」では，主人公のよさをさらに伸ばしていくとどうなるかを考えることで，個性を伸ばすことの大切さに気がつくことができました。

希望と勇気，努力と強い意志

お話「〇〇〇〇」を読み，主人公が目標に向かって決してあきらめずに続けていたときの気持ちを考えることを通して，意思の大切さを感じることができました。

親切，思いやり

お話「〇〇〇〇」を読み，主人公の〇〇〇〇が「〇〇〇〇」と言ったことについて深く考え，思いやりとは何かを考えることができました。

感謝

お話「〇〇〇〇」を読み，登場人物がどうして行動し続けられるのか理由を考えることを通して，人への感謝の心が芽生えはじめていました。

礼儀

お話「〇〇〇〇」を読み，主人公のとった行動の意味を深く考えることで，気持ちのよいあいさつや言葉づかいがどのようなものかを見つめ直すことができました。

友情，信頼

お話「〇〇〇〇」を読み，主人公が友だちから声をかけてもらったときの気持ちを考えることを通して，より友だちと仲良くしたいという意欲をもつことができました。

低　中　高

C

規則の尊重
お話「〇〇〇〇」を読み、主人公が言われて「はっ」としたあとの気持ちを話し合うことを通して、ルールを守ることのよさについて考えることができました。

勤労，公共の精神
お話「〇〇〇〇」では、自分がお話の中に入り込み、主人公に声をかけるならどんな言葉をかけるかを考えることで、働くということについて考えることができました。

よりよい学校生活，集団生活の充実
お話「〇〇〇〇」を読み、主人公の〇〇〇〇が「自分たちの学校のよいところを探そう」と言ったときの気持ちを考え、自分たちの学校のよさについて見つめ直すことができました。

国際理解，国際親善
お話「〇〇〇〇」を読み、主人公が東京オリンピック・パラリンピックが楽しみになった気持ちを考えることで、他の国の人たちと触れ合いたいという気持ちをもつことができました。

公正，公平，社会正義
お話「〇〇〇〇」を読み、主人公がとった公平でない行動のわけを考え、みんなに公平に接することの大切さに気がつくことができました。

家族愛，家庭生活の充実
お話「〇〇〇〇」では、主人公が家族の役割について感じたことを言ったときの気持ちを考え、家族を大切にしようとする気持ちをもつことができました。

伝統と文化の尊重，国や郷土を愛する態度
お話「〇〇〇〇」を読み、主人公が季節ごとに変わりゆく自分の町についてどんなことを思っているかを考えることを通して、自分の町のよさに目を向けることができました。

❸

D

生命の尊さ
お話「〇〇〇〇」を読み、家族から自分が産まれたときの思いを初めて聞いた主人公の気持ちを考えることを通して、生命の誕生のすばらしさを感じることができました。

感動，畏敬の念
お話「〇〇〇〇」を読み、美しい自然と向き合う主人公の気持ちを考え、自分にもあった感動した体験と向き合うことができました。

自然愛護
お話「〇〇〇〇」を読み、育てた植物が大きくなったときに主人公がどんな気持ちだったかを考えることを通して、自然に対するやさしい気持ちをもつことができました。

授業場面別での具体策 ❸
「授業で扱う中心発問から見取る」の評価文例
本冊48〜49頁

Ⓐ

善悪の判断，自律，自由と責任
お話「〇〇〇〇」では、主人公の一言一言がみんなの心に響いたのはなぜかを考えることを通して、正しいと思うことは自信をもって行動するということの大切さに気がつくことができました。

正直，誠実
お話「〇〇〇〇」を読み、正直に言わなければいけないと思っているときにはどんな気持ちだったのかを考えることを通して、正直に話すことのよさについて考えることができました。

節度，節制
お話「〇〇〇〇」を読み、主人公が何も言わずに黙って行動をしたときの気持ちを考えることを通して、自分にできることは何かということに向き合って考えることができました。

個性の伸長
お話「〇〇〇〇」を読み、登場人物のそれぞれの気持ちを考えることを通して、お互いのよさを認め合うとはどういうことかということについて考えることができました。

希望と勇気，努力と強い意志
お話「〇〇〇〇」を読み、主人公が変わろうとする姿から「自分には変わろうとしているところがあるか」を見つめ直すことで、強い意志をもって何かに取り組む大切さに気がつくことができました。

Ⓑ

親切，思いやり
お話「〇〇〇〇」を読み、主人公が相手の人を助けようとしてもなかなか声を出せない気持ちを考えることを通して、思いやりを行動に移すときには、小さな勇気が必要なのだと気がつくことができました。

感謝
お話「〇〇〇〇」を読み、主人公がお世話になっている人へ胸がジーンとしたときの気持ちを考え、日ごろ感謝している人たちへの感謝の気持ちをもつことができました。

礼儀
お話「〇〇〇〇」を読み、主人公が話を聞いてどんなことを思ったのかを考えることを通して、「ありがとう」という言葉をこれからもていねいに扱っていこうという気持ちをもつことができました。

友情，信頼
お話「〇〇〇〇」を読み、主人公が友だちから聞いた言葉を思い出しながら行動しているときの気持ちを考えることで、本当の友情とは何かについて考えることができました。

相互理解，寛容
お話「〇〇〇〇」を読み、当番活動をしない友人に対して、主人公がどのような思いをもっていたのかを考えることを通して、自分とは違う意見も認める大切さに気がつくことができました。

C

規則の尊重
お話「〇〇〇〇」を読み、してはいけないことをしてしまったときの主人公の気持ちを考えることを通して、規則を守るために必要な心とは何かについて考えることができました。

勤労，公共の精神
お話「〇〇〇〇」を読み、主人公がしんどい仕事をしながらどんな気持ちでいるのかを考えることを通して、仕事はだれのためにするのかということについて考えることができました。

よりよい学校生活，集団生活の充実
お話「〇〇〇〇」を読み、主人公が自分の学校へ思いを寄せているときの気持ちを考えることを通して、自分の学校で大切にしたいことは何かと考えることができました。

国際理解，国際親善
お話「〇〇〇〇」を読み、世界の様子を知り、いいなと思うことを交流することを通して、世界と日本の様子をくらべ、もっと世界の国々について知りたいという意欲をもつことができました。

公正，公平，社会正義
お話「〇〇〇〇」を読んで、主人公が家族から言われた大切な言葉を受け取ったときの気持ちを考えることを通して、だれにでも公平な態度で接することの大切さに気がつくことができました。

家族愛，家庭生活の充実
お話「〇〇〇〇」を読み、お母さんからの請求書をくり返し読んだあとに、どんな言葉をかけたのかを考えることを通して、家族の一員として何ができるのかを考えることができました。

伝統と文化の尊重，国や郷土を愛する態度
お話「〇〇〇〇」を読み、家族から「〇〇〇〇」の歴史と使い方を聞いた主人公の気持ちを考えることを通して、身近にある日本の文化を大切にしていこうとする気持ちをもつことができました。

D

生命の尊さ
お話「〇〇〇〇」を読み、主人公が学校へ行けるようになったときの気持ちを考えることで、生命の尊さや生命の限りについて感じ、生命を大切にしていこうとする気持ちをもつことができました。

感動，畏敬の念
お話「〇〇〇〇」では、主人公が1匹の動物に「ありがとう」を伝えたいと思ったときの気持ちを考えることを通して、自分が経験した「ありがとう」と自然に感じたときの体験と向き合うことができました。

自然愛護
お話「〇〇〇〇」では、自然と関わってきた主人公の気持ちを考えることを通して、自然に生きる動植物とともに生活できる喜びを感じることができました。

授業場面別での具体策 ❸
「授業で扱う中心発問から見取る」の評価文例

本冊48〜49頁

善悪の判断，自律，自由と責任
お話「〇〇〇〇」を読み、お話の中で起こっている問題に対して話し合うことをすることで、自由を得るために必要なものとは何なのかということについて考えることができました。

正直，誠実
お話「〇〇〇〇」を読み、たった1人の前でも自分の力を全力で出しているときの主人公の気持ちを考えることを通して、誠実とは何なのかということに向き合うことができました。

節度，節制
お話「〇〇〇〇」を読み、自分の今までの習慣について指摘された主人公の気持ちを考えることを通して、自分自身の習慣をどうよりよくするかを考えることができました。

個性の伸長
お話「〇〇〇〇」を読み、主人公がどんな思いや気持ちをもってやり続けてきたのかを考えることを通して、自分が将来どのような仕事をどんな気持ちでしてみたいか考えて自分の心と向き合うことができました。

希望と勇気，努力と強い意志
お話「〇〇〇〇」を読み、主人公が自分の向かっている目標で大きな壁と向き合っているときの気持ちを考えることを通して、自分自身の夢や目標についても考えることができました。

真理の探究
お話「〇〇〇〇」を読み、〇〇〇〇さんが〇〇〇〇をしようと決心したときに何を考えていたのかを想像し、自分はどんな新しいものを求めようかと考えることができました。

親切，思いやり
お話「〇〇〇〇」を読み、主人公が「何かお手伝いはありませんか」と声をかけたときの気持ちを考えることを通して、相手のことを考えて行動しようとする意欲をもつことができました。

感謝
お話「〇〇〇〇」を読み、〇〇さんに対し、人々はどのような思いをもったのかを考えることを通して、自分も普段からいろいろな人の力を借りることで生活をしていることに気がつくことができました。

礼儀
お話「〇〇〇〇」を読み、あいさつのほかにも心を形にする方法がないか、身の回りを見つめて考えてみることを通して、自分の心にあるものを形にしようとする意欲をもつことができました。

友情，信頼
お話「〇〇〇〇」を読み、真っ先に友だちのために行動した主人公はどんなことを考えていたのかを想像し、今までの自分の友情をふり返り、これからどんな友情を手に入れたいのかを考えることができました。

相互理解，寛容
お話「〇〇〇〇」を読み、主人公が「〇〇〇〇」と言ったのはどんな気持ちからなのかを考えることを通して、人の過ちを許すとはどういうことか向き合うことができました。

低 中 高

C

規則の尊重
お話「〇〇〇〇」を読み、主人公がお互いにとって気持ちよく生活するにはどうすればよいかを考えているときの気持ちを想像し、権利と義務とは何かについて考えることができました。

勤労，公共の精神
お話「〇〇〇〇」を読み、主人公が仕事に対して困難を乗り越えたときの気持ちを考え、みんなのために進んで働いた体験と向き合うことで、これからも積極的に取り組んでいきたいという気持ちをもつことができました。

よりよい学校生活，集団生活の充実
お話「〇〇〇〇」では、〇〇〇〇さんがみんなに向かって「〇〇〇〇」と言ったときの気持ちを考え、集団で生活することのよさと、それを充実させるためには何が必要なのかを考えることができました。

国際理解，国際親善
お話「〇〇〇〇」を読み、海外の人との出会いを果たしたときの主人公の気持ちを考えることを通して、国際理解のためにできることは何か考えることができました。

公正，公平，社会正義
お話「〇〇〇〇」を読み、〇〇さんの生き方が人々の心を動かした理由を考えることを通して、だれに対しても公平な態度で接するとはどういうことか考えることができました。

家族愛，家庭生活の充実
お話「〇〇〇〇」を読み、おばあさんが家族のことを思う気持ちを考えることを通して、自分の家族との生活を見つめ直し、これから家族の一員としてどのように過ごしていきたいかを考えることができました。

伝統と文化の尊重，国や郷土を愛する態度
お話「〇〇〇〇」を読み、地元の人たちがどんな考えで計画に反対したのかを考え、自分たちの町を守っていくためにはどのような気持ちが必要なのかを考えることができました。

D

生命の尊さ
お話「〇〇〇〇」を読み、〇〇〇〇さんが必死に訴えた気持ちを考えることを通して、生命の重みについて向き合い、どんな生命でも大切なものであると気がつくことができました。

感動，畏敬の念
お話「〇〇〇〇」を読み、自然についてや自然の中で生きる自分について向き合うことを通して、これまでにあったさまざまな場面で自然に感動を与えてもらっていたことに気がつくことができました。

自然愛護
お話「〇〇〇〇」を読み、主人公が地球を守るための取り組みを続ける思いを考え、地球を守るために自分ができることは何か考えることができました。

よりよく生きる喜び
お話「〇〇〇〇」を読み、困難を乗り越え自分の夢を果たした〇〇〇〇さんの生き方を考えることを通して、自分はどんな生き方をしていこうかと自分の人生と向き合うことができました。

授業場面別での具体策 ❹
「授業の感想から見取る」の評価文例

本冊50～51頁

善悪の判断，自律，自由と責任

お話「〇〇〇〇」の学習では，「友だちが『やめて』と言っているのに，〇〇するのはよくない」という感想をもち，わがままはいけないことに気がつくことができました。

正直，誠実

お話「〇〇〇〇」の学習では，「うそやごまかしをすることは自分にとってもよくないこと」という感想をもち，正直にすることのよさについて気がつくことができました。

節度，節制

お話「〇〇〇〇」の学習では，「自分も好き嫌いせずに食べないといけない。これからがんばりたい」という感想をもち，どんなものでもたくさん食べて，自分の身体を強くしようとする気持ちをもつことができました。

個性の伸長

お話「〇〇〇〇」の学習では，「〇〇〇〇さんのように，自分のダメなところではなくよいところへ目を向けたい」という感想をもち，自分のよいところを伸ばそうという気持ちをもつことができました。

希望と勇気，努力と強い意志

お話「〇〇〇〇」を学習し，「〇〇〇〇さんのように自分もがんばりたい。つらいことがあっても続けたい」と感想をもち，自分で決めたことをがんばり続けたいという気持ちをもつことができました。

親切，思いやり

お話「〇〇〇〇」を学習し，「友だちを助けることはとてもいいこと」という感想をもち，友だちにはやさしく接しようという意欲をもつことができました。

感謝

お話「〇〇〇〇」を学習し，「自分はいつもたくさんの人に助けられている。そのお礼の気持ちを伝えたい」という感想をもち，感謝の思いを大切にすることができました。

礼儀

お話「〇〇〇〇」を学習し，「あいさつをすると自分にも周りの人にも元気が出る」という感想をもち，あいさつの効果を考え直し，進んであいさつをしようという意欲をもつことができました。

友情，信頼

お話「〇〇〇〇」を学習し，「友だちとけんかするのはいやだけど，もし，そうなってしまったときには，もっと仲良くなれる方法を探したい」と，より友情を深める方法を考えることができました。

規則の尊重

お話「〇〇〇〇」を学習し、「みんなで使うものや場所は考えて使った方がいい」という感想をもち、きまりや約束をなぜ守るのかということについて考えることができました。

勤労，公共の精神

お話「〇〇〇〇」を学習し、「自分もクラスのみんなに喜んでもらえるような係活動がしたい」という感想をもつことができ、クラスのみんなのために活動する喜びに気がつくことができました。

よりよい学校生活，集団生活の充実

お話「〇〇〇〇」を読み、「お話のように学校をもっと好きになりたいと思いました。自分の学校のよいところをさがしたいです」という感想をもち、自分の学校のよいところへ目を向けることができました。

国際理解，国際親善

お話「〇〇〇〇」を学習し、「日本の昔のことが知れて楽しかった。世界の人たちにも知ってほしい」という感想をもち、日本の文化を世界の人に伝えたいという気持ちをもつことができました。

公正，公平，社会正義

お話「〇〇〇〇」を学習し、「もし自分が〇〇〇〇さんだったら、みんなが喜ぶようにしてあげたい」という感想をもち、好きな友だちだけでなく、みんなに同じ気持ちで接することの大切さに気がつくことができました。

家族愛，家庭生活の充実

お話「〇〇〇〇」を学習し、「自分も家族のお手伝いをして、いい気持ちになったことがある。これからもその気持ちを大切にしていきたい」という感想をもち、家族の役に立ちたいという思いをもつことができました。

伝統と文化の尊重，国や郷土を愛する態度

お話「〇〇〇〇」を学習し、「地域でのお祭りを大切にしようと思った。自分の地域のことをもっと知りたい」という感想をもち、自分の住む地域への関心を高めることができました。

生命の尊さ

お話「〇〇〇〇」を学習し、「自分の命がずっとつながってきていることを知りました。これから大事にしたいと思いました」という感想をもち、生命の尊さを感じることができました。

感動，畏敬の念

お話「〇〇〇〇」を学習し、「お話に出てきた美しさに感動した。これから美しいものを見つけていきたい」という感想をもち、美しいものへの関心を高めることができました。

自然愛護

お話「〇〇〇〇」を学習し、「人は自然を守らなくてはいけないと思いました。これから私は自然を大切にします」という感想をもち、自然を大切にしようとする意欲をもつことができました。

授業場面別での具体策 ❹
「授業の感想から見取る」の評価文例

本冊50〜51頁

Ⓐ

善悪の判断，自律，自由と責任
お話「〇〇〇〇」を学習し，「よいと思ったことは自信をもって行ったほうがいいと思った」という感想をもち，よいと思ったことは進んで行おうとする意欲をもつことができました。

節度，節制
お話「〇〇〇〇」を学習し，「自分で決めたことを守るむずかしさを知りました。しかし，自分で決めたことは守りたいと思いました」と，節度ある生活への意欲をもつことができました。

希望と勇気，努力と強い意志
お話「〇〇〇〇」を学習し，「〇〇〇〇さんの生き方に感動した。自分も〇〇〇〇さんのように何事もあきらめずに取り組みたい」と，目標に向かって強い意志をもってやろうとする意欲をもつことができました。

正直，誠実
お話「〇〇〇〇」を学習し，「得をしたと思っても，正直に言えないことをかくしながらもつことはいけないと思った」と，正直でいることのよさを感じることができました。

個性の伸長
お話「〇〇〇〇」を学習し，「人にはたくさんのよい面があることに気がついた。自分も自分のたくさんのよい面を見つけてみたい」と，自分の個性を見つけようとする意欲をもつことができました。

Ⓑ

親切，思いやり
お話「〇〇〇〇」を学習し，「本当の親切とは相手のことを考えるからこそできるんだなと思った。自分もそんな親切がしたい」と，心を向き合わせ，これからより人に親切にしていこうという意欲をもつことができました。

礼儀
お話「〇〇〇〇」を学習し，「礼儀のこもった言葉は相手を喜ばせることができるのだと思った。これからできるだけたくさんそうした言葉を使いたい」と，礼儀を大切にしようとする気持ちをもつことができました。

相互理解，寛容
お話「〇〇〇〇」を学習し，「それぞれの立場に立って考えると，相手の気持ちもわかることに気がついた」と，相手を理解しようとすることの大切さに気がつくことができました。

感謝
お話「〇〇〇〇」を学習し，「これまでに気がつかないような感謝を自分もたくさんもらってきていることが知れた。これからはそうした感謝にも目を向けていきたい」と，感謝への見方を広げることができました。

友情，信頼
お話「〇〇〇〇」を学習し，「困難を一緒に乗り越えられるのが本当の友情だと思った」という感想をもち，これまでの友情について見つめ，よりよい友情をつくろうとする意欲をもつことができました。

C

規則の尊重

お話「○○○○」を学習し、「きちんとルールを守らないと嫌な気持ちになる人がいる。みんなでルールを守ることが大切だと思った」と、規則を守ることのよさについて感じることができました。

勤労，公共の精神

お話「○○○○」を学習し、「学級の仕事をなぜするのかを考えることができた。これからは進んで取り組みたい」と、学級での当番活動に対して意欲をもつことができました。

よりよい学校生活，集団生活の充実

お話「○○○○」を学習し、「よいクラスにしていくことは、自分もふくめてみんながうれしい気持ちになれる。これからもよいクラスにしていきたい」と、よりよい学校生活を送ろうとする気持ちをもつことができました。

国際理解，国際親善

お話「○○○○」を学習し、「今日の話を読んで、たくさんの国の人と仲良くすることは大切だと思った。そんなチャンスがあればぜひ仲良くしたい」と、他国の人と交流しようという意欲をもつことができました。

公正，公平，社会正義

お話「○○○○」を学習し、「差別はいけないと思った。どんな人でも公平にされるべきだと思った」という感想をもち、どんな人にでも公平にするべきだという気持ちをもつことができました。

家族愛，家庭生活の充実

お話「○○○○」を学習し、「○○さんは家族を大切にしていると思った。自分も家族を大切にしていきたいと思った」と、自分のことをふり返り、家族を大切にしたいという気持ちをもつことができました。

伝統と文化の尊重，国や郷土を愛する態度

お話「○○○○」を学習し、「前から知っていた○○○○さんが自分の街を大切にしていることを知らなかった。自分も自分の街のことを見つめ直したい」という感想をもち、地元と心を向き合わせることができました。

D

生命の尊さ

お話「○○○○」を学習し、「お話を読んでさまざまな生命がどれも本当に大切だと思った。これからも大切にし続けたい」と、継続して生命を大事にしようという意欲をもつことができました。

感動，畏敬の念

お話「○○○○」を学習し、「本当に○○○○がきれいだなぁと思った。そんな体験がこれからあれば大事にしたい」と、感動する心に目を向け、感動を大切にしようとする気持ちをもつことができました。

自然愛護

お話「○○○○」を学習し、「自然を保護するためにはどうすればよいのかということを考えられた」という感想をもち、自然保護のために自分ができることは何なのかと向き合うことができました。

授業場面別での具体策 ❹
「授業の感想から見取る」の評価文例

本冊50〜51頁

善悪の判断，自律，自由と責任

「〇〇〇〇」を学習し，「自由とは責任があって自分のものにできる。決して自分勝手に使ってはいけない」と，自由と自分勝手の違いに気がつき，自由に対しての考えを深めることができました。

節度，節制

「〇〇〇〇」を学習し，「流行に流されて自分の習慣を変えるのはよくないと思った。流行っているものでも自分に必要なものかどうか考えたい」と，節度ある生活へ意欲をもつことができました。

希望と勇気，努力と強い意志

「〇〇〇〇」を学習し，「自分のやりたいことを達成するには，困難があってもやり続けることが大切だと思った。自分も目標のためにやり続けようと思う」と，努力を継続してやろうという意欲をもつことができました。

正直，誠実

「〇〇〇〇」を学習し，「正直でいることがむずかしいときもあるけれど，正直でいる方が心が楽になることがわかった」と，正直に生きることのよさに気がつくことができました。

個性の伸長

「〇〇〇〇」を学習し，「人にはそれぞれ特徴があることを知った。これから自分の特徴を知りそれを伸ばしていきたい」と，自分の個性と向き合い，自分を成長させていくことへ意欲をもつことができました。

真理の探究

「〇〇〇〇」を学習し，「〇〇さんの生き方を知り，新たなことを知ろうとする姿はいいなと思った。そして，知るためには知ろうとし続けることが大切だと思った」と，真理の探究への気づきを得ることができました。

親切，思いやり

「〇〇〇〇」を学習し，「相手の立場に立って行動していることに感動した。自分もこのような行動をとれる人になりたい」と，親切のよさに気がつき，実際に行動したいという意欲をもつことができました。

礼儀

「〇〇〇〇」を学習し，「礼儀には，時と場合によって方法が違うことを知った。これからより礼儀について知ってみたい」と，礼儀作法に込められた心と向き合うことができました。

相互理解，寛容

「〇〇〇〇」を学習し，「苦手なことにでも一生懸命に取り組んでいる人もいる。人が見えないところでどんなことをしているのかまで考えたい」と，相手をより理解することの大切さに気がつくことができました。

感謝

「〇〇〇〇」を学習し，「人に何かをしてもらったときにはきちんとお返しがしたいと思った。感謝を受けることがありがたいことなのだと感じた」と，感謝を受けたときにどうするのかということを考えることができました。

友情，信頼

「〇〇〇〇」を学習し，「友情を育てるためには，自分と相手の両方を大切にしなければいけないことがわかった」と，友情について心を向き合わせ，大切にしていこうという気持ちをもつことができました。

C

規則の尊重

「○○○○」を学習し、「これまできまりは面倒くさいと思っていたときもあったけど、きまりがあることのよさが学べた。これからはきまりを大切にしたい」と、きまりを守るよさについて気がつくことができました。

勤労，公共の精神

「○○○○」を学習し、「どんな仕事でも辛いと思うことはあると思う。でも、そんなときこそ、その仕事で喜ぶ人の顔を思い浮かべたい」と、仕事を通じて人の役に立ちたいという気持ちをもつことができました。

よりよい学校生活，集団生活の充実

「○○○○」を学習し、「自分の学校のよいところを見つめてみると、思ったよりもたくさん見つかった。これからもよいところを探し続けたい」と、自分の学校へ心を向けることができました。

国際理解，国際親善

「○○○○」を学習し、「○○さんのおかげで今の日本と外国がつながっていることを知った。これから○○さんがつくってくれたつながりを大切にしたい」と、他国とのつながりを守ることへ意欲をもつことができました。

公正，公平，社会正義

「○○○○」を学習し、「仲間外れはいけないと思った。もし、そんなことをされている子に出会ったら、どれだけ小さなことでも自分のできることをしたい」と、いじめをなくすための行動に意欲をもつことができました。

家族愛，家庭生活の充実

「○○○○」を学習し、「普段、家族からいろいろとしてもらっていることにありがたさを感じた。自分も家族のために何か小さなことでもしていきたい」と、家族への感謝と貢献について考えることができました。

伝統と文化の尊重，国や郷土を愛する態度

「○○○○」を学習し、「日本には昔からたくさん美しいと思う作品があることを知った。海外から評価を受けていることもすごいと思った」と、日本の文化のよさを知り、関心を高めることができました。

D

生命の尊さ

「○○○○」を学習し、「自分の生命はここまで続いてきていることを知った。今ある生命を大切にして生きていきたい」と、自分の生命の尊さを改めて感じることができました。

感動，畏敬の念

「○○○○」を学習し、「自然の美しさが人を魅了していることに気がついた。自分もそんな気持ちをもちたいと思った」と、美しいものに感動したいという意欲をもつことができました。

自然愛護

「○○○○」を学習し、「自然の成長のすごさを知った。長い時間をかけて成長していく自然をこれからはもっと大切にしていきたい」と、自然へ対する関心を高めることができました。

よりよく生きる喜び

「○○○○」を学習し、「挫折や失敗の後にどのような気持ちで生きていくのかが大切だと思った。そんなときにこそ、前向きに生きることのできる自分でいたい」と、よりよく生きていくことを考えることができました。

授業場面別での具体策 ❺
「授業後に期待される行動から見取る」の評価文例

本冊５２〜５３頁

A

善悪の判断，自律，自由と責任
「〇〇〇〇」を学習し，主人公のよいと思うことができない姿を見て「自分がよいと思ったことはどんどんとやっていきたい」と，これからの自分の姿を思い描くことができました。

正直，誠実
「〇〇〇〇」を学習し，主人公の正直に行動する姿に共感し，「自分も正直な姿でいたい」と正直に生きようとすることへの意欲をもつことができました。

節度，節制
「〇〇〇〇」を学習し，これまでの自分にわがままな行動がなかったかどうかをふり返り，これからも自分のことだけを考えるのではなく節度ある生活をしていこうと意欲をもつことができました。

個性の伸長
「〇〇〇〇」を学習し，「これからは自分のよいところに目を向けて自分のことを伸ばしていきたい」と，自分の個性を伸ばしていこうという意欲をもつことができました。

希望と勇気，努力と強い意志
「〇〇〇〇」を学習し，「〇〇さんの生き方のように自分もあきらめずに努力をし続けていきたい」と，努力する心をもって生きていきたいと意欲をもつことができました。

B

親切，思いやり
「〇〇〇〇」を学習し，「これからは立派な〇年生として思いやりをもって生活をしたい」と発言し，思いやりをもった生活をしようという意欲をもつことができました。

感謝
「〇〇〇〇」を学習し，「お世話になっている人のことを考えたことで，これからはもっとその人たちに感謝したいと思った」と，身の回りの人への感謝の気持ちをもつことができました。

礼儀
「〇〇〇〇」を学習し，「これからは自分も相手も気持ちよくなるようなあいさつがしたい」とあいさつに対して前向きな意見を出し，あいさつすることへの意欲をもつことができました。

友情，信頼
「〇〇〇〇」を学習し，「これからは自分のことだけでなく，相手の気持ちを考えて友だちと仲良くしたい」と，さらに友だちとの友情を深めようとする態度が見られました。

C

規則の尊重
「〇〇〇〇」を学習し、「これからはみんなで使うものは場所を考えて使っていきたい」という意見を出し、みんなのものを使うときにはきまりを守ることが大切であると気がつくことができました。

勤労，公共の精神
「〇〇〇〇」を学習し、「みんなのために〇〇かかりをがんばっているねと言われたい」という意見を出し、みんなのために係活動をがんばりたいという意欲が見られました。

よりよい学校生活，集団生活の充実
「〇〇〇〇」を学習し、「校歌を大切にしているお話を読んで、自分の学校の校歌ももっと好きになりたい」と、学校の校歌にも目を向け、大切にしていきたいという意欲をもつことができました。

国際理解，国際親善
「〇〇〇〇」を学習し、「日本のよさを知れたから、次は他の国のよさをたくさん知っていきたい」と発言し、日本以外のたくさんの国のことも知り仲良くしていきたいという気持ちをもつことができました。

公正，公平，社会正義
お話「〇〇〇〇」を学習し、「自分の好き嫌いではなく、みんなが同じように楽しめるようにしていきたい」と、公平に人に接していこうとする態度が見られました。

家族愛，家庭生活の充実
「〇〇〇〇」を学習し、「主人公の家族に役立とうとする姿を見て、自分ももっとこれからは家族の役に立ちたい」と家族の一員としての意識を高めることができました。

伝統と文化の尊重，国や郷土を愛する態度
お話「〇〇〇〇」を学習し、「これからも自分の街の行事にたくさん参加していきたい」と、地域の行事への関心をさらに高めることができました。

D

生命の尊さ
「〇〇〇〇」を学習し、「これからは自分の命のつながりを忘れずにいたい」と発言し、生命の連続性を大切にしていこうという態度が見られました。

感動，畏敬の念
「〇〇〇〇」を学習し、「これからは美しいと思うものとたくさん出会っていきたい」と、美しいものへの関心を高め、意欲的に関わりたいという態度が見られました。

自然愛護
「〇〇〇〇」を学習し、「これから自然の命も人の命と同じように大切にしたい」と、自然に対する意識を高めるとともに、自然を大切にしようという意欲をもつことができました。

授業場面別での具体策 ❺
「授業後に期待される行動から見取る」の評価文例

本冊５２〜５３頁

Ⓐ

善悪の判断，自律，自由と責任
「〇〇〇〇」を学習し，「自分のもつ力を使うときは本当に大切なときに使いたい。力を使うかをどうかきちんと見極めたい」と，自分の力を正しい方向へ使いたいという意欲をもつことができました。

正直，誠実
「〇〇〇〇」を学習し，「主人公の〇〇のように，自分も正直な気持ちを大切にしていきたい」と，正直に生きるよさと実践していこうという意欲をもつことができました。

節度，節制
「〇〇〇〇」を学習し，「自分の生活リズムをくずすと自分によくない。自分のためにも規則正しい生活をしていきたい」と，規則正しい生活のよさを感じ，実践しようとする意欲をもつことができました。

個性の伸長
「〇〇〇〇」を学習し，「自分のいいところを認めることで自分自身を成長させていきたい」と，自分にある個性を認めて伸ばしていこうとする意欲をもつことができました。

希望と勇気，努力と強い意志
「〇〇〇〇」を学習し，「〇〇さんの生き方を知り，これから自分もどんなことでもがんばるからできるんだという気持ちで取り組みたい」と，挑戦することへの意欲をもつことができました。

Ⓑ

親切，思いやり
「〇〇〇〇」を学習し，「親切にすることはほんの少し勇気がいるけれど，これからはできるだけやっていきたい」と，親切に行動しようとする態度が見られました。

感謝
「〇〇〇〇」を学習し，「これからは，１つのことにもたくさんの人が関わってくれていることに感謝するようにしたい」と，たくさんの人たちへ感謝しようという態度が見られました。

礼儀
「〇〇〇〇」を学習し「〇〇さんが礼儀を大切にしていた通り，自分も人がいないときにも礼儀を大切にできるようにしたい」と，礼儀を大切にしていこうとする気持ちをもつことができました。

友情，信頼
「〇〇〇〇」を学習し，「困った友だちには自分から声をかけた方がいいことに気がついた。これからは自分から声をかけられるようになりたい」と，自分から友情を広げたいという意欲をもつことができました。

相互理解，寛容
「〇〇〇〇」の学習では，「これからは，今日の学習での〇〇のように，相手のことをもっと考えていきたい」と，自分のことだけでなく，相手のことをより理解していこうという態度が見られました。

C

規則の尊重
「〇〇〇〇」を学習し、「今日考えたあったらいいと思うきまりをこれから守り続けていきたい」と、自分たちで考えたきまりを守っていこうとする態度が見られました。

勤労，公共の精神
「〇〇〇〇」を学習し、「これからは、今日のお話の〇〇のように、自分の係活動もコツコツと続けていきたい」と、自分の活動を積み上げていく大切さについて気がつくことができました。

よりよい学校生活，集団生活の充実
「〇〇〇〇」を学習し、「今日見つけた自分の学校のよいところをこれからも大切にしていきたい」と、自分の学校のよさに目を向けていきたいという意欲をもつことができました。

国際理解，国際親善
「〇〇〇〇」を学習し、「これからは、今日勉強した〇〇でのことを活かして、たくさんの国と仲良くなれる方法を考えていきたい」と、他国の人たちとの関わりに意識を向けることができました。

公正，公平，社会正義
「〇〇〇〇」を学習し、「〇〇さんの生き方を見て、みんなに公平に接するのはとてもいいと思った。これから自分もそうしていきたい」と、〇〇の生き方を知り、公平にすることのよさに気がつくことができました。

家族愛，家庭生活の充実
「〇〇〇〇」を学習し、「いつもは家族のお世話になってばかりだけど、これからは何か自分のできることをやっていこう」と家族のために役に立とうとする態度をもつことができました。

伝統と文化の尊重，国や郷土を愛する態度
「〇〇〇〇」を学習し、「〇〇さんが自分の街を大切にしていたように、自分も小さなことから街を大切にできるようなことをしていきたい」と、自分の街を大切にしようとする意欲が見られました。

D

生命の尊さ
「〇〇〇〇」を学習し、「自分の生まれたころのことを知り、自分の命をもっと大切にしていこうと思った」と、これからはより生命を大切にしていこうとする態度を見ることができました。

感動，畏敬の念
「〇〇〇〇」を学習し、「お話の中の〇〇のように、これからは自分も美しいと思えるものをできるだけたくさん探していきたい」と、感動することへの関心を高めることができました。

自然愛護
「〇〇〇〇」を学習し、「〇〇さんのように、自然を大切にするような生き方を自分もまねしていきたい」と、自分と自然との関わりについて見つめ直すことができました。

授業場面別での具体策 ❺
「授業後に期待される行動から見取る」の評価文例

本冊５２～５３頁

A

善悪の判断，自律，自由と責任
「〇〇〇〇」の学習をし，「これからは自由の意味をよく考え，自分勝手にすることなどの違った意味で使わないように気をつけたい」と，自由と責任について考えることができました。

正直，誠実
「〇〇〇〇」を学習したときには，「お話に出ていた〇〇のように，どんなときにでも自分の心に誠実であるような選択をしていきたい」と発言し，誠実に生きようとする気持ちをもつことができました。

節度，節制
「〇〇〇〇」を学習し，「お話に出ていた〇〇のような失敗はせずに，きまりを守って身の回りのものを使っていきたい」と，節度ある生活の大切さに気がつくことができました。

個性の伸長
「〇〇〇〇」を学習し，「〇〇さんのように，これからは考え方を変えてみて，自分のよいところを見ていきたい」と，自分の個性を見つけようとする姿勢が見られました。

希望と勇気，努力と強い意志
「〇〇〇〇」を学習し，「これからは，今日勉強した〇〇さんのように，目の前に壁が立ちはだかっても逃げずに立ち向かっていきたい」と，強い意志をもって取り組もうとする態度が見られました。

真理の探究
「〇〇〇〇」を学習し，「もし，自分も何か追究したいものと出会ったときには，〇〇さんのように何かをつかむまでやりとげたい」と，真理を探究する取り組みを続ける気持ちをもつことができました。

B

親切，思いやり
「〇〇〇〇」を学習し，「お話に出ていた〇〇のように，これからは自分も進んで人に親切にできるようになりたい」と，人に親切にしようという意欲を高めることができました。

感謝
「〇〇〇〇」を学習し，「今日は〇〇さんから本当の親切を学んだ。いつかそんな親切ができるようになりたい」と，これから自分のする親切により意識を高めることができました。

礼儀
「〇〇〇〇」を学習し，「今日勉強した『本当の礼儀』をこれからは意識して，今までよりも礼儀ある行動を取ってみたい」と，礼儀ある行動について意欲的に考えることができました。

友情，信頼
「〇〇〇〇」を学習し，「お話に出ていた〇〇と〇〇が感じているような，本当の友情を求めるようなことをこれからはしていきたい」と，友情について深く見つめ直すことができました。

相互理解，寛容
「〇〇〇〇」を学習し，「〇〇と〇〇のように，それぞれの思いがあることを忘れず，それぞれの立場に立って気持ちを考えるようにしたい」と，双方の気持ちを理解していこうという意欲をもつことができました。

C

規則の尊重
「〇〇〇〇」を学習し、「自由とはいえ、公共の場所に出ればルールは存在する。これからはそうしたルールも守れるようになりたい」と、公共の場でのきまりについての関心を高めることができました。

勤労，公共の精神
「〇〇〇〇」を学習し、「〇〇さんのように、当番活動の中に意味が見出せるように自分もしていきたい」と、当番活動への意義を改めて見つめ直すことができました。

よりよい学校生活，集団生活の充実
「〇〇〇〇」を学習し、「卒業生の人が学校をそのように感じることを知って、これからさらに学校を大切にしていきたい」と、卒業までもっと学校を大切にしていきたいという気持ちをもつことができました。

国際理解，国際親善
「〇〇〇〇」を学習し、「これからは、〇〇さんの言うとおり外国の人とわかり合うために、まずは自らが日本のことをもっともっと知っていきたい」と、外国の方との交流に対する意識を高めることができました。

公正，公平，社会正義
「〇〇〇〇」を学習し、「お話の中の〇〇のしたことは許されることでない。これからもどんな人のことも公正な目で見ていきたい」と、人に対して公正な態度で接することへの大切さに気がつけました。

家族愛，家庭生活の充実
「〇〇〇〇」を学習し、「お話の〇〇のように、これからは家族に対してどんな小さなことでも「ありがとう」と伝えていきたい」と、家族への感謝を伝えていこうという意欲をもつことができました。

伝統と文化の尊重，国や郷土を愛する態度
「〇〇〇〇」を学習し、「昔からのものを大切にしようとする〇〇さんの生き方を見て、自分の国の歴史あるものを大切にしていきたいと思った」と、日本の伝統文化を大切にしようとする姿が見られました。

D

生命の尊さ
「〇〇〇〇」の学習では、「これからは、人間が関わっている動物に対する責任を考え、自覚のある行動を取りたい」と、動物も人間も同じ生命であり責任をもって関わっていくという気持ちをもつことができました。

感動，畏敬の念
「〇〇〇〇」を学習し、「人と人とのつながりに本当に感動した。自分もそんな感動を味わってみたい」と、人と人との間で生まれる感動を味わうことへの意欲をもつことができました。

自然愛護
「〇〇〇〇」を学習し、「地球の誕生の歴史を知ったことで、人間が地球に住ませてもらっていることに気がつくことができた。これからは地球を大事にしたい」と、地球を大切にする気持ちをもつことができました。

よりよく生きる喜び
「〇〇〇〇」を学習し、「話に出てきた〇〇のように、大切な場面で流すような涙と出会いたい」と、これから出会う感動に対して、生きていくうえで高い気持ちをもつことができました。

授業場面別での具体策 ❻
「子どもたちの変容から見取る」の評価文例

本冊54～55頁

善悪の判断，自律，自由と責任

「〇〇〇〇」の学習では、「していいこと」と「してはいけないこと」をはっきりと分けることができていませんでしたが、学習を通してよいことと悪いことの区別がはっきりとできるようになりました。

節度，節制

「〇〇〇〇」の学習では、登場人物〇〇〇〇がきそく正しく生活するにはどうすればよいかすぐには思いつけませんでしたが、友だちとの話し合いを通じて、さまざまな方法があることに気がつくことができました。

希望と勇気，努力と強い意志

「〇〇〇〇」の学習では、めげずに何度も挑戦するよさについて気がつくことができませんでしたが、それについて深く考えることを通してその思いのよさに気がつくことができました。

正直，誠実

「〇〇〇〇」の学習では、元々本当のことを言う勇気をなかなかもてなかったようでしたが、学習を通して、正直に話すよさに気づき、正直に話そうという意欲をもつことができました。

個性の伸長

「〇〇〇〇」の学習では、初めは自分のよさに気がついていませんでしたが、お話を読んでからグループのメンバーには自分のよいところを教えてもらい、自分のよさに気がつくことができました。

親切，思いやり

「〇〇〇〇」の学習では、人に親切にしたときの喜びを意識していませんでしたが、学習を通してこれまでの経験から人に親切にしたら気持ちがよいことに気がつくことができました。

礼儀

「〇〇〇〇」の学習では、知らない人へのあいさつをするよさに気がついていませんでしたが、学習を通して、さまざまな人にあいさつするよさに気がつくことができました。

感謝

「〇〇〇〇」の学習では、身近な人に感謝をすることのよさに気がついていませんでしたが、学習を通して気がつくことができたとともに、これからは感謝を言葉などにしていこうという意欲をもつことができました。

友情，信頼

「〇〇〇〇」の学習では、初めは友だちとのよい経験になかなか気づけませんでしたが、話し合うことを通して、友だちと仲良くなったときの言葉を見つけるなど、これまでの経験に気づくことができました。

低　中　高

C

規則の尊重

「〇〇〇〇」の学習では、登場人物〇〇〇〇だけが得をするまずさの理由に気がついていませんでしたが、学習を通して、それが周りの人にとってよくないことであることに気がつくことができました。

勤労，公共の精神

「〇〇〇〇」の学習では、日ごろの当番活動の意味について気がついていませんでしたが、学習を通して日ごろの当番活動がみんなの役に立っていることに気がつくことができました。

よりよい学校生活，集団生活の充実

「〇〇〇〇」の学習では、まだ小学校の楽しさに触れることができていませんでしたが、学習を通してさまざまな楽しみに気がつくことができました。

国際理解，国際親善

「〇〇〇〇」の学習では、そのよさを知っている国は少しでしたが、みんなとの意見交換を通じてたくさんの国を知り、それぞれの国のよさについて気がつくことができました。

公正，公平，社会正義

「〇〇〇〇」の学習では、初め、登場人物〇〇〇〇がなぜ逃げだしてしまったのかを、一面からしか考えられませんでしたが、友だちの意見を聞き、さまざまな角度から考えることができました。

家族愛，家庭生活の充実

「〇〇〇〇」の学習では、初めは日ごろの家族からしてもらっていることに気がつくことができませんでしたが、学習を通して、たくさんのことを家族からしてもらっていることに気がつきました。

伝統と文化の尊重，国や郷土を愛する態度

「〇〇〇〇」の学習では、正月に遊んだ遊びが日本の文化だと気がついていませんでしたが、学習を通して、正月にしていた遊びが日本の文化だと知り、そのよさについて気づくことができました。

D

生命の尊さ

「〇〇〇〇」の学習では、食べ物と生命をつなげて考えられませんでしたが、学習の最後には、食べ物と生命をつなげて考えることで、生命の大切さに気がつくことができました。

感動，畏敬の念

「〇〇〇〇」では、日ごろ見ている自然のよさに気がついていませんでしたが、学習を通して、日ごろから見ている自然の美しさに気がつくことができました。

自然愛護

「〇〇〇〇」の学習では、育てているアサガオが成長することへの喜びに気がついていませんでしたが、学習を通して、植物の成長することへの喜びに気がつくことができました。

別冊・評価文例集　通知表に使える！732文例　～本冊・第3章対応～

授業場面別での具体策 ❻
「子どもたちの変容から見取る」の評価文例

本冊54〜55頁

善悪の判断，自律，自由と責任

「〇〇〇〇」を学習し，初めは自分が正しいと思ったことをするときの気持ちに気がつくことができませんでしたが，学習を通して，正しいことを行うときの気持ちのよさに気がつくことができました。

正直，誠実

「〇〇〇〇」を学習し，初めはだれかを困らせたときにどうすれば素直に謝ることができるかわかりませんでしたが，学習を通して，そうしたときにどうやったら素直に謝ることができるのか気がつくことができました。

節度，節制

「〇〇〇〇」の学習では，初めは好きなことを優先してしまう考えをもっていましたが，学習を通して，節度ある生活のよさに気づき，やるべきことをまずはやるという意欲をもつことができました。

個性の伸長

「〇〇〇〇」の学習では，初めは自分らしさとは何かがわかっていませんでしたが，学習を通して，自分らしさとは何かについて考え，自分のよさに気がつくことができました。

希望と勇気，努力と強い意志

「〇〇〇〇」を学習し，初めは夢をかなえるためにどんなことが必要なのかはっきりとは意見をもてませんでしたが，学習を通して，夢をかなえるためには粘り強く取り組むことが大切なことに気づくことができました。

親切，思いやり

「〇〇〇〇」の学習では，初めは本当のやさしい行動とは何かという意見をもつことができませんでしたが，学習を通して，本当のやさしさへの意見をもち，人に親切にしたいという意欲をもつことができました。

感謝

「〇〇〇〇」の学習では，初めは自分の生活を支えてくれている人がいることを気にしていませんでしたが，学習を通して，自分の生活を支えてくれている人への感謝に気がつくことができました。

礼儀

「〇〇〇〇」を学習し，初めはあいさつの大切なポイントについて意見をもつことができませんでしたが，学習を通して，あいさつをする際に大切なポイントについて考えることができました。

友情，信頼

「〇〇〇〇」を学習し，初めは本当の友だちとは何か自分の意見がもてませんでしたが，学習を通して，本当の友だちとはどんな人なのかと考えることができました。

相互理解，寛容

「〇〇〇〇」を学習し，初めは友だちとうまくいかずに困ったときどうすればよいのかわからないという意見でしたが，学習を通して，相手の気持ちを考えて解決策を探すということに気がつくことができました。

C

規則の尊重
「〇〇〇〇」を学習し、初めは「きまりがなかったらいいな」と思うこともありましたが、学習を通して、きまりの必要性やそのよさについて気がつくことができました。

勤労，公共の精神
「〇〇〇〇」の学習をして、初めはみんなと協力することに意欲的でなかったのですが、学習を通してみんなで協力して活動することのよさやみんなのために働く喜びに気づくことができました。

よりよい学校生活，集団生活の充実
「〇〇〇〇」の学習では、初めはクラスの友だちに思いを伝えるよさに気がついていませんでしたが、学習を通して、自分の思いを素直にクラスのみんなに伝えるよさに気がつくことができました。

国際理解，国際親善
「〇〇〇〇」の学習では、初めは他国の人に伝えたい自分の国の文化を考えられませんでしたが、学習を通して、他国の人に伝えたい自分の国の文化について気がつくことができました。

公正，公平，社会正義
「〇〇〇〇」を学習して、初めは人によって態度を変えてはいけない理由に気づいていませんでしたが、学習を通してどんな人に対しても公平に接するよさについて気がつくことができました。

家族愛，家庭生活の充実
「〇〇〇〇」を学習して、初めは家族に伝えたい思いをもてていませんでしたが、学習を通して、家族への思いを自覚し、家族へ伝えたいという思いをもつことができました。

伝統と文化の尊重，国や郷土を愛する態度
「〇〇〇〇」の学習では、初めは自分の国に関する伝統文化について身近なものに目を向けることができていませんでしたが、学習を通して、身近にある自分の国の伝統文化に気がつくことができました。

D

生命の尊さ
「〇〇〇〇」を読み、初めは自分の生命がたくさんの生命とつながっていることに気づいていませんでしたが、学習を通して、生命は長い時間たくさんの生命がつながってきていることに気づくことができました。

感動，畏敬の念
「〇〇〇〇」の学習では、初めは身の回りの感動するものへ目を向けることができていませんでしたが、学習を通して、身の回りにある感動するものへ目を向けることができていました。

自然愛護
「〇〇〇〇」を学習し、初めは身近にある自然へ意識を向けることができていませんでしたが、学習を通して身近にある自然のよさに気づき、その自然を大切にしていこうとする気持ちをもつことができました。

授業場面別での具体策 ❻
「子どもたちの変容から見取る」の評価文例

本冊54〜55頁

善悪の判断，自律，自由と責任
「〇〇〇〇」の学習では、初めは本当の自由とはなにか、自分の意見をもつことができていませんでしたが、学習を通して、自律的で責任のある行動があって本当の自由になるのだと気がつくことができました。

節度，節制
「〇〇〇〇」の学習では、初めは節度をもつよさについて気がつけなかったのですが、学習を通して、節度のある生活のよさに気がつき、生活で改善するべき点があれば進んで取り組むことへ意欲をもつことができました。

希望と勇気，努力と強い意志
「〇〇〇〇」の学習では、初めは自分の目標を設定するよさに気がついていなかったのですが、学習を通して、自分の目標を具体的に設定し、希望をもつことの大切さに気がつくことができました。

正直，誠実
「〇〇〇〇」の学習では、初めは誠実な心とはどのようなものか自分の意見がもてませんでしたが、学習を通して、自分とまっすぐ向き合うことでそんな心がわかってくるのだと気がつくことができました。

個性の伸長
「〇〇〇〇」の学習では、初めはいろいろな面のある自分に気がついていませんでしたが、学習を通して、さまざまな視点から自分を見つめよいところに出会うことができました。

真理の探究
「〇〇〇〇」の学習では、初めは真理を探究する心のよさに気がついていませんでしたが、学習を通して、真理を探究することは自分自身が納得するためでもあると気がつくことができました。

親切，思いやり
「〇〇〇〇」の学習では、初めは親切な行いをするときに大切なことは何か自分の意見をもてていませんでしたが、学習を通して、相手のためになるにはどうすればいいのか考え続けることが大切だと気がつけました。

礼儀
「〇〇〇〇」の学習では、初めは心のこもった礼儀とはどういったものか気がついていませんでしたが、学習を通して、相手を尊重することが心のこもった礼儀だと気がつくことができました。

相互理解，寛容
「〇〇〇〇」を学習し、初めは考えが違う人どうしがどのように関わればいいのかわかっていませんでしたが、学習を通して、広い心で相手の思いを尊重することが大切であると気がつくことができました。

感謝
「〇〇〇〇」の学習では、初めは自分たちの生活が昔の人に支えられていることに気がついていませんでしたが、学習を通して、今のくらしは先人が残してくれている物なのだと気がつくことができました。

友情，信頼
「〇〇〇〇」を学習し、初めは友だちとすれ違いが起こってしまったときにどうすればよいかわかっていませんでしたが、学習を通して、相手の意見を聞くことでよりよい友情をつくることができることに気がつけました。

C

規則の尊重

「〇〇〇〇」を学習し、初めはどのようにきまりがつくられるのか考えていませんでしたが、学習を通して、きまりのつくられ方がわかり、きまりを守っていこうという意欲を高めることができました。

勤労，公共の精神

「〇〇〇〇」を学習し、初めはボランティア活動が何のために行われているのか気がついていませんでしたが、学習を通して、公共のために役に立とうという思いがこもっていることに気がつくことができました。

よりよい学校生活，集団生活の充実

「〇〇〇〇」を学習し、初めは委員会活動の意義を気がついていませんでしたが、学習を通して、委員会活動が学校のみんなの役に立つことに気づき、よりよい学校をつくっていくために必要だと気づくことができました。

国際理解，国際親善

「〇〇〇〇」の学習では、初めは他国の習慣や文化を大切にする理由に気がついていませんでしたが、学習を通して、他国を大切にすることでより多くの人とよい関係をつくることができることに気がつけました。

公正，公平，社会正義

「〇〇〇〇」を学習し、初めは公平な態度で接することができないときにどうすればよいかわかっていませんでしたが、学習を通して、自分自身に誠実でいることが公平に接するために必要だと気づくことができました。

家族愛，家庭生活の充実

「〇〇〇〇」を学習し、初めは家族の役に立ちたいということを考えていませんでしたが、学習を通して、家族に感謝や尊敬の気持ちをもって家族の役に立ちたいと意見をもつことができました。

伝統と文化の尊重，国や郷土を愛する態度

「〇〇〇〇」の学習を通して、初めは日本に伝わる伝統工芸品への思いについて考えていませんでしたが、学習を通して、伝統工芸品に込められた作り手の思いについて気がつくことができました。

D

生命の尊さ

「〇〇〇〇」を学習し、初めは精いっぱい生きるとはどういうことか自分の意見がもてていませんでしたが、学習を通して、限りある生命を精いっぱい生きようとすることが大切だという意見をもつことができました。

感動，畏敬の念

「〇〇〇〇」を学習し、初めは今まで自分が出会ってきた美しいものに気がついていませんでしたが、学習を通して、美しいものや感動したものへの意識を高め、これまで感動してきたことに気がつくことができました。

自然愛護

「〇〇〇〇」を学習し、初めは自分たちと自然が共存しているということに気がついていませんでしたが、学習を通して、自然の素晴らしさをふり返ることで共存することへの意識を高めることができました。

よりよく生きる喜び

「〇〇〇〇」を学習し、初めは生きる喜びとは何か気がついていませんでしたが、学習を通して、夢や希望をもつことや誇りある生き方をすることで生きる喜びが得られるのだと気がつくことができました。

授業場面別での具体策 ❼
「子どもたちの自己評価から見取る」の評価文例

本冊56〜57頁

善悪の判断，自律，自由と責任
「〇〇〇〇」の学習では、お話の問題を自分ごととしてとらえて考え、その場その場の状況にふさわしいよいことと悪いこととは何かということを考えることができました。

正直，誠実
「〇〇〇〇」の学習では、「正直」について学んだことをふり返り、うそをついたりごまかしたりすると心が落ち着かなくなり、素直にいることの方が伸び伸びと生活できることに気がつくことができました。

節度，節制
「〇〇〇〇」の学習では、友だちとの話し合い活動を通じて自分の考えを広げたり深めたりして、わがままをしないでけじめのある生活をしようとすることへの意欲を高めることができました。

個性の伸長
「〇〇〇〇」の学習では、自分の個性についてこれまでの自分をふり返り、自分にも友だちにもよさがあることに気がつき、さらに自分を成長させていこうという意欲を高めることができました。

希望と勇気，努力と強い意志
「〇〇〇〇」の学習では、努力について心に残ったことを友だちと話し合い、勉強するときの目標としてこれからの勉強に活かしていこうという意欲をもつことができました。

親切，思いやり
「〇〇〇〇」の学習では、お話のできごとを自分ごととしてとらえ、相手が喜ぶことをしたいと願う心をもち、それを行動することへの意欲をもつことができました。

感謝
「〇〇〇〇」の学習では、友だちとの話し合い活動で友だちの考えやその理由を理解することを通して、お世話になっている人への感謝の気持ちをよりもつことができました。

礼儀
「〇〇〇〇」の学習では、あいさつに対してこれまでの自分の姿をふり返り、これからはより明るい心で相手に合わせたあいさつをしようという意欲をもつことができました。

友情，信頼
「〇〇〇〇」の学習では、自分の意見を伝えたり友だちの意見をよく聞くことを通して、友だちと仲良くし、助け合うことによさを感じることができました。

…低……中……高…

C

規則の尊重
「〇〇〇〇」の学習では、友だちとの話し合い活動の中で、みんなで使うものや使う場所には、いろいろなきまりがあることやそのきまりがあるわけについて気がつくことができました。

勤労，公共の精神
「〇〇〇〇」の学習では、自分の意見を伝えたり友だちの意見を聞いたりすることで働くことへの考えを深め、自分ができる仕事を自ら探して、進んで取り組もうとする気持ちをもつことができました。

よりよい学校生活，集団生活の充実
「〇〇〇〇」の学習では、自分の考えを友だちに伝えたり友だちの考えを聞くことで、明るく楽しい学校生活にするために、自分たちにできることを探してやろうとする意欲をもつことができました。

国際理解，国際親善
「〇〇〇〇」の学習では、友だちとの話し合い活動で自分の考えを伝えたり相手の意見を聞いたりすることを通して、他国には日本とは違った文化があることに気がつくことができました。

公正，公平，社会正義
「〇〇〇〇」の学習では、友だちとの話し合いを深めることを通じて、働くことで周りの人たちのお手伝いになったり自分たちの喜びになったりすることに気がつくことができました。

家族愛，家庭生活の充実
「〇〇〇〇」の学習では、家族愛についてこれまでの自分をふり返り、家族はいつでも自分のことを思ってくれていることに気がつき、そんな自分が家族に対して何をできるかを考えることができました。

伝統と文化の尊重，国や郷土を愛する態度
「〇〇〇〇」の学習では、友だちとの話し合い活動でさまざまな意見を聞いたことで、自分の住んでいる地域の自然や人々についての存在を知り、地域のよさに気がつくことができました。

❼

D

生命の尊さ
「〇〇〇〇」の学習では、自分の生命についてふり返り、自分の生命は多くの人の支えや自分のもっている力によっても成長していることに気がつくことができました。

感動，畏敬の念
「〇〇〇〇」の学習では、これまでの美しいものとの出会いをふり返ることでそのときの気持ちを思い出し、自分の中には美しいものに響き合う心があることに気がつくことができました。

自然愛護
「〇〇〇〇」の学習では、友だちとの話し合い活動をする中でいろいろな考え方を聞くことで、動物と人とが仲良く過ごすことのよさに気がつくことができました。

授業場面別での具体策 ❼
「子どもたちの自己評価から見取る」の評価文例

本冊56～57頁

A

善悪の判断，自律，自由と責任
「〇〇〇〇」の学習では、お話の問題を自分ごととして見つめ考えることを通して、正しいと思ったことは、自信をもって実行していこうという気持ちをもつことができました。

正直，誠実
「〇〇〇〇」の学習では、普段の自分の生活の中から誠実さについてふり返ることを通して、自分の心に誠実に向き合い明るい心で生活しようという態度が見られました。

節度，節制
「〇〇〇〇」の学習では、普段の自分の生活の仕方がちゃんと安全に過ごせているかどうかについてふり返り、よく考えて行動し安全な生活をしようとする意欲をもつことができました。

個性の伸長
「〇〇〇〇」の学習では、これまでの自分をふり返ることを通して、自分自身の特徴について気がつき、それを磨いて、自分の強みにしていこうという意欲をもつことができました。

希望と勇気，努力と強い意志
「〇〇〇〇」の学習では、これまでの自分の目標への取り組み方を見つめ直し、これからも自ら進んで目標を立て、粘り強くやりとげようという意欲をもつことができました。

B

親切，思いやり
「〇〇〇〇」の学習では、親切と関連のある自分の経験をふり返ることを通して、親切な行いは自分も相手も気持ちよくなることに気がつくことができました。

感謝
「〇〇〇〇」の学習では、友だちとの話し合い活動を通じて自分の意見を伝えたり友だちの意見を聞いたりしながら、家族への感謝の心に気がつき、自分のできることをやっていこうという気持ちをもつことができました。

礼儀
「〇〇〇〇」の学習では、普段の自分の生活の中のあいさつについてふり返ることを通して、ただ言うだけでなく、形と心がそろってやっと相手に伝わるのだと気がつくことができました。

友情，信頼
「〇〇〇〇」の学習では、自分の考えを伝えたり相手の考えを聞いたりしながら考えを深め、友情を深めるためには相手の気持ちを心から考えることだと気がつくことができました。

相互理解，寛容
「〇〇〇〇」の学習では、これまでの広い心に関する自分をふり返ることを通して、広い心のよさについて理解し進んで実践しようとする気持ちをもつことができました。

C

規則の尊重
「〇〇〇〇」の学習では、友だちとの話し合い活動の中で自分の意見を伝えたり相手の意見を聞いたりすることを通して、きまりの意義をわかろうとし、守ろうとする意欲をもつことができました。

勤労，公共の精神
「〇〇〇〇」の学習では、友だちとの話し合い活動を通して、友だちからの意見を聞いたり考えを広げたり深めたりすることで、みんなのために進んで働こうとする態度が見られました。

よりよい学校生活，集団生活の充実
「〇〇〇〇」の学習では、自分の学校生活についてふり返ることを通して、これからもお互いに思いやりをもち、協力し合えるような学級をつくっていきたいという気持ちをもつことができました。

国際理解，国際親善
「〇〇〇〇」の学習では、友だちの意見を聞いたり自分の意見を伝えたりすることを通して、他国の人々の生活や文化の違いに気がつきその違いも大切にしていこうという気持ちをもつことができました。

公正，公平，社会正義
「〇〇〇〇」の学習では、お話の中での問題に気がつき、どのような行動をするべきかを考えることを通して、だれとでも仲良くするためには、時と場と相手を考え、公平に接する心が大切であることに気がつきました。

家族愛，家庭生活の充実
「〇〇〇〇」を学習して、普段の自分の生活と家族との関わりを見つめ直すことを通して、家族のために自分ができることは何かと見つめ直し、何かしてあげたいという意欲をもつことができました。

伝統と文化の尊重，国や郷土を愛する態度
「〇〇〇〇」の学習では、友だちと話し合うことでたくさんのことに気がついたり考えを深めたりすることを通して、日本人が受け継いできた心に気がつき、大切にしていこうとする気持ちをもつことができました。

D

生命の尊さ
「〇〇〇〇」の学習では、これまでの生命に関する自分の考えなどをふり返ることを通して、自分の命をつないでくれた人たちへの存在に気がつき、感謝しようとする気持ちをもつことができました。

感動，畏敬の念
「〇〇〇〇」の学習では、友だちとの話し合い活動の中で自分の意見を伝えたり友だちの意見を聞いたりすることを通して、美しいものへの感動の心に気がつくことができました。

自然愛護
「〇〇〇〇」の学習では、普段の自分の生活と植物との関わりを見つめ直すことを通して、植物の不思議な力に気がつき、自然を大切にしようとする気持ちをもつことができました。

授業場面別での具体策 ❼
「子どもたちの自己評価から見取る」の評価文例

本冊56～57頁

A

善悪の判断，自律，自由と責任
「〇〇〇〇」の学習では、自由と責任について友だちの意見を聞いたり自分の考えを伝えたりすることを通して、自由には自律がともなっている必要があることに気がつくことができました。

正直，誠実
「〇〇〇〇」の学習では、これまでの誠実な生き方について自分の生活をふり返ることを通して、誠実とはだれに対しても真心をもって行動しようとすることだと気がつくことができました。

節度，節制
「〇〇〇〇」の学習では、節度ある生活について今までの自分をふり返り、規則正しい生活をすることによさを感じ、話し合ったことを実践していこうとする意欲をもつことができました。

個性の伸長
「〇〇〇〇」の学習では、自分の特徴を改めてふり返ることを通して自分を知り、自分らしさを考えることを通して、長所をより伸ばしていこうという意欲をもつことができました。

希望と勇気，努力と強い意志
「〇〇〇〇」の学習では、自分の努力について今までの自分をふり返り、自分の目標に向かってあきらめずに努力し続けようという意欲をもつことができました。

真理の探究
「〇〇〇〇」の学習では、学んだことや心に残ったことを自分の生活に生かそうとふり返り、進んで新しいものを求め、真理を大切にしようとする気持ちをもつことができました。

B

親切，思いやり
「〇〇〇〇」の学習では、お話の中の問題に気がつき、解決しようとすることを通して、相手の思いを察し、相手の立場に立って行動できている人の心や行動によさを感じることができました。

感謝
「〇〇〇〇」の学習では、これまでの自分の生活をふり返ることを通して、多くの人に支えられて自分が生きていることに気がつき、支えてくれている周囲の人に感謝の気持ちをもつことができました。

礼儀
「〇〇〇〇」の学習では、礼儀について学んだことや心に残ったことをこれからの生活に生かそうという意欲をもち、真心をもって礼儀ある態度で人に接する姿に共感することができました。

友情，信頼
「〇〇〇〇」の学習では、これまでの友情に関する自分の生活をふり返り、互いのよいところを認め合って相手の考えを取り入れることで、よりよい友だち関係が築けるということに気がつくことができました。

相互理解，寛容
「〇〇〇〇」の学習では、話し合い活動の中で友だちの意見を聞いたり自分の意見を伝えたりすることを通して、相手の考えや立場を大切にし、互いに高め合える関係をつくることのよさに気がつくことができました。

C

規則の尊重
「〇〇〇〇」の学習では、お話の中の問題と向き合ってどのように行動するべきか考えることを通して、自分だけでなく他者の権利も尊重することによさを感じることができました。

勤労、公共の精神
「〇〇〇〇」の学習では、話し合いの中で、ボランティアについて友だちの意見を聞き、ボランティアをする理由を理解することを通して、社会の役に立つために自分ができることを見つけようとすることができました。

よりよい学校生活、集団生活の充実
「〇〇〇〇」の学習では、話し合い活動の中で、友だちの意見を聞いたり自分の意見を伝えたりすることを通して、自分たちの学校を支えている人々の思いに気がつくことができました。

国際理解、国際親善
「〇〇〇〇」の学習では、国際理解・親善について学んだことをふり返ることを通して、日本人として、世界の人々と仲良く生活していきたいという意欲をもつことができました。

公正、公平、社会正義
「〇〇〇〇」の学習では、話し合い活動の中で、友だちの意見を聞いたり自分の意見を伝えたりすることを通して、正義の実現のために大切なことに気がつくことができました。

家族愛、家庭生活の充実
「〇〇〇〇」の学習では、これまでの家族との時間をふり返ることを通して、家族のことでもよく知らないことがあることに気がつき、家族のことをもっと知り、何かをしたいという意欲をもつことができました。

伝統と文化の尊重、国や郷土を愛する態度
「〇〇〇〇」の学習では、話し合い活動の中で友だちの意見を聞いたり自分の意見を伝えたりすることを通して、地域の伝統や文化を受け継いで、積極的に地域に関わっていこうとする気持ちをもつことができました。

D

生命の尊さ
「〇〇〇〇」の学習では、生命に関する自分の思いを考えられ、これまでの自分の生活をふり返り、「生きているしょうこ」は、体と心が成長していることだと気がつくことができました。

感動、畏敬の念
「〇〇〇〇」の学習では、これまでの自分が感動したことをふり返ることを通して、美しい風景や大自然を生み出す大いなるものに畏敬の念をもっていることに気がつくことができました。

自然愛護
「〇〇〇〇」の学習では、これまでの自然に関する自分の生活をふり返り、自然を大切にした偉人との出会いから、身の回りの自然に改めて目を向けることができました。

よりよく生きる喜び
「〇〇〇〇」の学習では、主人公〇〇〇〇の生き方を話し合いの中で友だちの意見を聞いたり自分の意見を伝えたりすることを通して、自分にとってよりよい生き方を見つけようとすることができました。

授業場面別での具体策 ❽
「長期的な視点から見取る」の評価文例

本冊58〜59頁

善悪の判断，自律，自由と責任
いつも学んだ価値と向き合うことができました。特に「善悪の判断」の学習では、してはいけないことをすると、相手や周りの人より自分が嫌な思いをすることによく気がつくことができました。

正直，誠実
自分の心と向き合い続けることができました。特に「正直」についての学習では、うそやごまかしを恥ずかしいと思う気持ちをもつことができました。

節度，節制
自分自身の生活についてふり返り続けることができました。特に「節度，節制」の学習では、規則正しい生活をしようとする意欲をもつことができました。

個性の伸長
自分自身の生活についてふり返り続けることができました。特に「個性の伸長」についての学習では、自分のもっている特徴をもっと見つけようとする態度をもつことができました。

希望と勇気，努力と強い意志
自分自身の心と向き合い続けることができました。特に「希望と勇気」では、自分にもよりよく成長したいという心があることに気がつくことができました。

親切，思いやり
相手の立場に立って考え続けることができました。特に「親切」について学んだ学習では、人に親切にすることで、自分も人の役に立つ喜びを感じることができました。

感謝
自分の生活についてふり返り続けることができました。特に「感謝」についての学習では、自分がお世話になっている人に尊敬と感謝の気持ちをもつことができました。

礼儀
これからどんな生活をしようかと、いつも自分ごととして考えることができました。特に「礼儀」の学習では、自分も人も元気にあいさつをして明るく生活しようという意欲をもつことができました。

友情，信頼
相手の立場に立って考え続けることができました。特に「友情」についての学習では、友だちと仲良くしていたいという心を大切にし、さらに友だちを大切にしていこうという気持ちをもつことができました。

C

規則の尊重
友だちの意見を聞いたり自分の意見を伝えたりすることを続けることができました。特に「規則の尊重」の学習では、きまりを守って気持ちのよい生活をしようという気持ちをもつことができました。

勤労，公共の精神
いつも友だちの意見を聞いたり自分の意見を伝えたりすることで、幅広く考えをもつことができました。特に「勤労」についての学習では、人のために働くよさについて感じることができました。

よりよい学校生活，集団生活の充実
自分にできることが何かということを考え続けることができました。特に、「よりよい学校生活」について学んだ学習では、学校生活を支えてくれている人へ何ができるかを考えることができました。

国際理解，国際親善
相手の立場に立って考え続けることができました。特に「国際理解」の学習では、他国の人々や文化に関心をもち、親しもうとする意欲をもつことができました。

公正，公平，社会正義
自分の普段の生活について見つめ続けることができました。特に「公正，公平，社会正義」の学習では、自他の違いや自分の好き嫌いにとらわれないで、人と接することのよさに気がつくことができました。

家族愛，家庭生活の充実
自分ができることが何かということを考え続けることができました。特に「家族愛」の学習では、家族のために自分ができることを進んでしようとする意欲をもつことができました。

伝統と文化の尊重，国や郷土を愛する態度
自分の生活についてふり返り続けることができました。特に「伝統と文化の尊重」の学習では、自分の街で大切に受け継がれているものを知り、大切にしようとする気持ちをもつことができました。

D

生命の尊さ
自分の生活や考えについて向き合い続けることができました。特に「生命の尊さ」の学習では、自分の命を大切にして、元気に生活していこうとする意欲をもつことができました。

感動，畏敬の念
自分の心と向き合い続けて考えることができました。特に「感動」の学習では、お話「○○○○」を学習し、すがすがしい心で生活していこうとする意欲をもつことができました。

自然愛護
自分の生活についてふり返り続けることができました。特に「自然愛護」の学習では、身近な植物も生きていることがわかり、その植物にあたたかい心で接しようとする気持ちをもつことができました。

授業場面別での具体策 ❽
「長期的な視点から見取る」の評価文例

本冊58〜59頁

善悪の判断，自律，自由と責任

いつも自分のこれからの生活とつなげて考えることができました。特に「善悪の判断」の学習では、自分が正しいと思ったことは自信をもって実行しようとする意欲をもつことができました。

節度，節制

いつも自分の生活とつなげて学習に取り組むことができました。特に「節度，節制」の学習では、節度ある行動をすることで自分の生活がよくなっていくことに気がつくことができました。

希望と勇気，努力と強い意志

いつも自分のことに置き換えて学習に取り組むことができました。特に「希望と勇気」の学習では、目標に向かって努力しようとする意欲をより高くもつことができました。

正直，誠実

いつも自分の心と向き合いながら学習を進めることができました。特に「正直，誠実」の学習では、正直に行動することで、気持ちよく生活できることに気がつくことができました。

個性の伸長

いつも自分と向き合って学習することができました。特に「個性の伸長」の学習では、自分のよさに気がつき、そのよさをより伸ばしていこうとする意欲をもつことができました。

親切，思いやり

いつも自分の行動とつなげて学習に取り組むことができました。特に「親切，思いやり」の学習では、相手のことを考えた親切な行動のよさに気がつくことができました。

礼儀

いつも自分の生活とつなげて考えようとする姿が見られました。特に「礼儀」の学習では、だれに対しても心を込めてあいさつしようとする意欲が見られました。

相互理解，寛容

いつも自分の体験とつなげて学習に取り組むことができました。特に「相互理解，寛容」の学習では、相手の思いを理解することで相手を許そうとする心がわいてくることに気がつくことができました。

感謝

いつも自分の身の周りの人のことも考えて学習に取り組むことができました。特に「感謝」の学習では、自分を支えてくれる人の存在に気がつき、感謝の気持ちをもつことができました。

友情，信頼

いつも自分の身の周りのことに置き換えて学習に取り組むことができました。特に「友情，信頼」の学習では、友だちのことを心から思いやるよさについて気がつくことができました。

C

規則の尊重

いつも自分の心の動きを大切にしながら学習に取り組むことができました。特に「規則の尊重」の学習では、約束やきまりはみんなが大切にしていることに気がつき、心を動かしていました。

勤労，公共の精神

いつも自分の生活につなげようとして学習に取り組むことができました。特に「勤労，公共の精神」の学習では、みんなのために進んで働こうとする意欲をより高くもつことができました。

よりよい学校生活，集団生活の充実

いつも友だちの意見を受け入れることを大切にしながら学習に取り組むことができました。特に「よりよい学校生活」の学習では、友だちの意見からさまざまな考えに気がつくことができました。

国際理解，国際親善

いつも学んだことを自分の周りに活かそうとすることができました。特に「国際理解」の学習では、他国の人々の文化を知ることで、より外国の人とつながっていきたいという思いをもつことができました。

公正，公平，社会正義

いつも学習する価値について深く考えようとする姿が見られました。特に「公正，公平，社会正義」の学習では、本当の友だちとは互いに対等な関係であることだと気がつくことができていました。

家族愛，家庭生活の充実

いつも自分の中にある気持ちに気がつくことができていました。特に「家族愛」の学習では、自分の中にあった家族を大切にする心に気がつき、より家族を大切にしていこうとする意欲が見られました。

伝統と文化の尊重，国や郷土を愛する態度

いつもお話の内容から自分の感じたことを表現することができました。特に「伝統と文化の尊重」の授業では、郷土の伝統と文化が今でも伝えられていることに気がつくことができました。

D

生命の尊さ

いつも新しいことを知ろうとする意欲をもって学習に取り組むことができました。特に「生命の尊さ」の授業では、自分の生命は過去から未来へとつながっていることに気がつくことができました。

感動，畏敬の念

いつも自分の心と向き合いながら学習に取り組むことができました。特に「感動，畏敬の念」の学習では、他者の喜びが自分の喜びにもなることに気がつくことができました。

自然愛護

いつも自分の心が動いたことをもとにして考えることができました。特に「自然愛護」の学習では、植物には不思議な力があることに気がつき、より自然を大切にしようとする態度が見られました。

授業場面別での具体策 ❽
「長期的な視点から見取る」の評価文例

本冊58〜59頁

善悪の判断，自律，自由と責任

いつも自分の心と向き合いながら学習に取り組むことができました。特に「自由と責任」の学習では、自由を大切にしつつも規律のある行動を取ることのよさに気がつくことができました。

正直，誠実

いつも自分の心と向き合いながら学習に取り組むことができました。特に「誠実」の学習では、まじめに明るい心で生活するよさについて気がつくことができました。

節度，節制

いつも自分の心と向き合いながら学習に取り組むことができました。特に「節度，節制」の学習では、自分の生活をよりよくしていくために普段の生活を見直すことができました。

個性の伸長

自分を見つけながら学習を続けることができました。特に「個性の伸長」の学習では、自分の長所をさらに伸ばそうと自分と向き合うことができました。

希望と勇気，努力と強い意志

自分の心と向き合いながら学習に取り組み続けることができました。特に「希望と勇気」の学習では、夢に向かって実現する生き方に感動し、そうした生き方をすることに意欲をもつことができました。

真理の探究

いつもお話の登場人物の心情と自分を重ねながら学習に取り組むことができました。特に「真理の探究」の学習では、自分も興味のあることがらの真理を探求しようとする意欲をもつことができました。

親切，思いやり

いつも自分の生活をふり返りながら学習に取り組むことができました。特に「親切」の学習では、〇年生としての役割を自覚し、学校生活をさらによくしようと考えることができました。

感謝

自分の生活と向き合いながら学習に取り組み続けることができました。特に「感謝」の学習では、自分たちの生活を支えてくれている人の気持ちに気づき、感謝しようとする気持ちをもつことができました。

礼儀

いつも自分の意見を伝えたり友だちの意見を聞いたりしながら学習を深めることができました。特に「礼儀」の学習では、日常生活の中の礼儀についていろいろな見方から考えを深めることができました。

友情，信頼

いつも自分の意見を伝えたり友だちの意見を聞いたりして話し合うことを通して、理解を深めることができました。特に「友情」の学習では、男女の分けへだてなく認め合う姿に共感していました。

相互理解，寛容

相手の立場を考えながら学習に取り組み続けることができました。特に「相互理解」の学習では、相手の意見を受け止め、理解することのよさに気がつくことができました。

C

規則の尊重

いつも自分の周りにも目を向けながら学習に取り組むことができました。特に「規則の尊重」の学習では、ルールやマナーを高めることのよさに気がつくことができました。

勤労，公共の精神

いつも自分の意見を伝えたり友だちの考えを聞いたりすることを通して、学習に取り組むことができました。特に「勤労」の学習では、公共のためにできることをしようという意欲をもつことができました。

よりよい学校生活，集団生活の充実

自分の周りにも目を向けながら学習に取り組み続けることができました。特に「よりよい学校生活」の学習では、学校生活をよりよくするために自分ができることをしていきたいと意欲をもつことができました。

国際理解，国際親善

いつも自分の周りにも目を向けながら学習に取り組むことができました。特に「国際親善」の学習では、互いの国を知り合うことが国際親善につながることに気がつくことができました。

公正，公平，社会正義

いつも自分の意見を伝えたり友だちの意見を聞いたりするなど、話し合うことを通して考えを深めることができました。特に「公正,公平,社会正義」の学習では、だれに対しても公正に接するよさに気づけました。

家族愛，家庭生活の充実

自分の周りの生活を見つめながら学習に取り組み続けることができました。特に「家族愛」の学習では、自分が家族の一員としてできることからしていこうと意欲をもつことができました。

伝統と文化の尊重，国や郷土を愛する態度

いつも自分の周りのことに目を向けながら学習に取り組むことができました。特に「国や郷土を愛する態度」の学習では、自分の街のよさを知り、もっと深く知りたいと心が動いていました。

D

生命の尊さ

自分が感じることを大切にし続けることができました。特に「生命の尊さ」の学習では、もっと生きたいと思う人々の思いから、生命の大切さを感じることができました。

感動，畏敬の念

いつも自分の周りにも目を向けながら学習することができました。特に「畏敬の念」の学習では、人間の心の気高さへの畏敬の念に気がつくことができました。

自然愛護

いつも自分の心と向き合いながら学習に取り組むことができました。特に「自然愛護」の学習では、自然の知恵を理解し、自然と共に生きていくことのよさに気がつくことができました。

よりよく生きる喜び

自分の生き方に目を向け続けることができました。特に「よりよく生きる喜び」では、人間は他者との関わりの中で考えや行動を広げて成長していくことに気がつくことができました。

授業タイプ別での具体策 ①
「登場人物への自我関与が中心の学習から見取る」の評価文例

本冊60〜61頁

善悪の判断,自律,自由と責任

お話「〇〇〇〇」の学習では、登場人物〇〇〇の気持ちを考えることを通して、よいと思ったことを進んで行うことの気持ちのよさに気がつき、それをやっていこうという気持ちをもつことができました。

節度,節制

お話「〇〇〇〇」の学習では、イラストに描かれた人物と自分を重ねることを通して、時間を守ったり身の回りを整えたりして気持ちよく生活することのよさに気がついていました。

希望と勇気,努力と強い意志

お話「〇〇〇〇」の学習では、登場人物〇〇〇の気持ちを考えることを通して、自分のやるべき仕事や勉強についてしっかりと行うことへ意欲をもつことができました。

正直,誠実

お話「〇〇〇〇」の学習では、登場人物〇〇〇さんの気持ちを考えることを通して、正直であることのよさについて考え、うそやごまかしをせずに明るい心で生活するよさに気がつくことができました。

個性の伸長

お話「〇〇〇〇」の学習では、登場人物〇〇〇の気持ちを考えることを通して、友だちのよさを見つけることや自分のよさについて気がつくことを通して、自分を成長させようという気持ちをもつことができました。

親切,思いやり

お話「〇〇〇〇」の学習では、登場人物〇〇〇の気持ちを考えることを通して、人にやさしい気持ちで接することのよさに気がつき、親切にしていこうという気持ちをもつことができました。

礼儀

お話「〇〇〇〇」の学習では、イラストに描かれた人物と自分を重ねることを通して、時と場に応じたあいさつの仕方を考え、気持ちのよいあいさつをしようという意欲をもつことができました。

感謝

お話「〇〇〇〇」の学習では、登場人物〇〇〇の気持ちを考えることを通して、日頃お世話になっている人々の存在に気がつき、感謝しようという気持ちをもつことができました。

友情,信頼

お話「〇〇〇〇」の学習では、登場人物〇〇〇の気持ちを考えることを通して、友だちがいることのよさに気がつき、友だちと仲良く助け合うことへの意欲をもつことができました。

C

規則の尊重
お話「○○○○」の学習では、登場人物○○○○の気持ちを考えることを通して、約束やきまりを守ることの大切さについて考え、そのよさについて気がつくことができました。

公正，公平，社会正義
お話「○○○○」の学習では、登場人物○○○○の気持ちを考えることを通して、自分の好き嫌いにとらわれずに人と接することのよさについて気がつくことができました。

勤労，公共の精神
お話「○○○○」の学習では、登場人物○○○○の気持ちを考えることを通して、働くことのよさについて考え、みんなのために働こうという気持ちをもつことができました。

家族愛，家庭生活の充実
お話「○○○○」の学習では、登場人物○○○○の気持ちを考えることを通して、家のお手伝いなどをすることの大切さについて考え、家族のために自分ができることは何かと考えることができました。

よりよい学校生活，集団生活の充実
お話「○○○○」の学習では、登場人物○○○○の気持ちと自分の気持ちを重ね合わせることを通して、学校では多くの先生や友だちと親しみをもって関わることの大事さに気がつくことができました。

伝統と文化の尊重，国や郷土を愛する態度
お話「○○○○」の学習では、登場人物○○○○の気持ちを考えることを通して、日本伝統の行事が季節ごとにあることを知り、それらに親しみをもつよさに気がつくことができました。

国際理解，国際親善
お話「○○○○」の学習では、登場人物○○○○の気持ちを考えることを通して、世界にたくさんの国があることを知り、他国の人々や文化に親しみをもとうとする意欲をもつことができました。

D

生命の尊さ
お話「○○○○」の学習では、登場人物○○○○の気持ちを考えることを通して、生きていることへの喜びを見出し、生命を大切にしようとする意欲をもつことができました。

自然愛護
お話「○○○○」の学習では、登場人物○○○○の気持ちを考えることを通して、身近な自然について考え、自然に親しむ心をもつよさに気がつくことができました。

感動，畏敬の念
お話「○○○○」の学習では、登場人物○○○○の気持ちを考えることを通して、美しい心に触れ、すがすがしい心をもつことのよさについて気がつくことができました。

授業タイプ別での具体策 ①
「登場人物への自我関与が中心の学習から見取る」の評価文例

本冊６０〜６１頁

A

善悪の判断，自律，自由と責任
お話「○○○○」では、登場人物○○○○の気持ちを考えることを通して、自らが正しいと思うことを自らが行おうとする気持ちをもつことができました。

正直，誠実
お話「○○○○」では、登場人物○○○○の気持ちを考えることを通して、過ちを素直に認め、正直であることのよさに気づき、明るい心で生活しようとする意欲をもつことができました。

節度，節制
お話「○○○○」では、登場人物○○○○の気持ちを考えることを通して、自分自身で健康を考えて行動することのよさに気がつき、進んでよい生活をする気持ちをもつことができました。

個性の伸長
お話「○○○○」では、登場人物○○○○の気持ちを考えることを通して、自分のよさを伸ばせるよう目標をもって生活しようとする意欲をもつことができました。

希望と勇気，努力と強い意志
お話「○○○○」では、登場人物○○○○の気持ちを考えることを通して、辛いことや苦しいことも、目標に向かって主体的に強い意志をもってやりとげることのよさに気がつくことができました。

B

親切，思いやり
お話「○○○○」では、登場人物○○○○の気持ちを考えることを通して、思いやりの心のよさに気がつき、困っている人にあたたかい心で接しようとする気持ちをもつことができました。

感謝
お話「○○○○」では、登場人物○○○○の気持ちを考えることを通して、いつも生活を支えてくれている人たちに気づき、尊敬と感謝の気持ちをもって接しようとする態度をもとうとしていました。

礼儀
お話「○○○○」では、登場人物○○○○の気持ちを考えることを通して、だれにでも真心をもった態度で接するよさについて気がつくことができました。

友情，信頼
お話「○○○○」では、登場人物○○○○の気持ちを考えることを通して、友情についての考えを深め、友だちと互いに助け合うことのよさに気がつくことができました。

相互理解，寛容
お話「○○○○」では、登場人物○○○○の気持ちを考えることを通して、自分の考えを相手に伝えるとともに相手のことも理解し、自分とは違う意見も大切にしようとする意欲をもつことができました。

C

規則の尊重

お話「〇〇〇〇」では、登場人物〇〇〇〇の気持ちを考えることを通して、ルールの意義を深く考えたり広く考えたりして、ルールを守ることへの意欲をもつことができました。

公正, 公平, 社会正義

お話「〇〇〇〇」では、登場人物〇〇〇〇の気持ちを考えることを通して、だれに対しても公正で公平に接しようとする意欲をもつことができました。

勤労, 公共の精神

お話「〇〇〇〇」では、登場人物〇〇〇〇の気持ちを考えることを通して、働くことの大切さを知り、進んでみんなのために働こうとする意欲をもつことができました。

家族愛, 家庭生活の充実

お話「〇〇〇〇」では、登場人物〇〇〇〇の気持ちを考えることを通して、家族のあたたかさについて思いを深め、家族みんなで協力し合ってよりよい家庭をつくろうとする気持ちをもつことができました。

よりよい学校生活, 集団生活の充実

お話「〇〇〇〇」では、登場人物〇〇〇〇の気持ちを考えることを通して、みんなで協力し合って楽しい学級をつくることのよさについて考え、みんなで楽しい学級をつくろうという意欲をもつことができました。

伝統と文化の尊重, 国や郷土を愛する態度

お話「〇〇〇〇」では、登場人物〇〇〇〇の気持ちを考えることを通して、郷土の伝統や文化のよさについて考え、自分の住む地域の伝統や文化を大切にしようという気持ちをもつことができました。

国際理解, 国際親善

お話「〇〇〇〇」では、登場人物〇〇〇〇の気持ちを考えることを通して、世界にはたくさんの人々がいてその多様性に気がつき、世界に関心をもとうとする意欲が見られました。

①

D

生命の尊さ

お話「〇〇〇〇」では、登場人物〇〇〇〇の気持ちを考えることを通して、生命の尊さについて知り、生命あるものを大切にしようとする意欲をもつことができました。

自然愛護

お話「〇〇〇〇」では、登場人物〇〇〇〇の気持ちを考えることを通して、自然のすばらしさを感じ、自然や動植物を大切にしようとする意欲をもつことができました。

感動, 畏敬の念

お話「〇〇〇〇」では、登場人物〇〇〇〇の気持ちを考えることを通して、人の心のやさしさやあたたかさなど美しいものに触れたときの気持ちを大切にしようとすることのよさに気がつくことができました。

授業タイプ別での具体策 ①
「登場人物への自我関与が中心の学習から見取る」の評価文例

本冊60〜61頁

A

善悪の判断，自律，自由と責任
お話「〇〇〇〇」では、登場人物〇〇〇〇の気持ちを考えることを通して、自ら考え責任をもって取り組むことの大切さを考え、責任のある行動をすることへの意欲をもつことができました。

正直，誠実
お話「〇〇〇〇」では、登場人物〇〇〇〇の気持ちを考えることを通して、自分の間違いや過ちを素直に認めることの大切さを感じることができました。

節度，節制
お話「〇〇〇〇」では、登場人物〇〇〇〇の気持ちを考えることを通して、生活習慣について考え、節制し節度ある生活を送ろうとする意欲をもつことができました。

個性の伸長
お話「〇〇〇〇」では、登場人物〇〇〇〇の気持ちを考えることを通して、自分のよさと向き合い、自分の長所を考え、それを伸ばそうとする意欲をもつことができました。

希望と勇気，努力と強い意志
お話「〇〇〇〇」では、登場人物〇〇〇〇の気持ちを考えることを通して、困難があってもやり抜くことのすばらしさについて考え、くじけずに努力することのよさに気がつくことができました。

真理の探究
お話「〇〇〇〇」では、登場人物〇〇〇〇の気持ちを考えることを通して、探究心をもって生きることのすばらしさを感じ、物事を深く探求しようとする意欲をもつことができました。

B

親切，思いやり
お話「〇〇〇〇」では、登場人物〇〇〇〇の気持ちを考えることを通して、自分の気持ちばかりではなく、相手の気持ちを思いやることの大切さについて気がつくことができました。

感謝
お話「〇〇〇〇」では、登場人物〇〇〇〇の気持ちを考えることを通して、たくさんの人が自分を支えてくれていることに気がつき、支えてくれている人たち全員に感謝の思いをもつことができました。

礼儀
お話「〇〇〇〇」では、登場人物〇〇〇〇の気持ちを考えることを通して、時と場をわきまえた礼儀正しいあいさつをしようとする意欲をもつことができました。

友情，信頼
お話「〇〇〇〇」では、登場人物〇〇〇〇の気持ちを考えることを通して、友だちとは何かを考え、友だちと信頼し合って友情を深めることのよさに気がつくことができました。

相互理解，寛容
お話「〇〇〇〇」では、登場人物〇〇〇〇の気持ちを考えることを通して、相手を尊重し広い心で接することのすばらしさについて気がつくことができました。

C

規則の尊重
お話「〇〇〇〇」では、登場人物〇〇〇〇の気持ちを考えることを通して、法やきまりの意義を考え、進んで自他の権利を大切にしようとする気持ちをもつことができました。

公正，公平，社会正義
お話「〇〇〇〇」では、登場人物〇〇〇〇の気持ちを考えることを通して、公平な社会をつくるために必要なことについて考え、社会正義の実現に努めようとする気持ちをもつことができました。

勤労，公共の精神
お話「〇〇〇〇」では、登場人物〇〇〇〇の気持ちを考えることを通して、仕事をするうえで大切なことについて考えを深め、公共のために役立とうとする意欲をもつことができました。

家族愛，家庭生活の充実
お話「〇〇〇〇」では、登場人物〇〇〇〇の気持ちを考えることを通して、家族の一員としての自分の役割を考え、家族のために進んで役に立とうとする意欲をもつことができました。

よりよい学校生活，集団生活の充実
お話「〇〇〇〇」では、登場人物〇〇〇〇の気持ちを考えることを通して、集団の中での自分の役割について考え、集団の中で充実した生活を送ろうとする意欲をもつことができました。

伝統と文化の尊重，国や郷土を愛する態度
お話「〇〇〇〇」では、登場人物〇〇〇〇の気持ちを考えることを通して、先人の努力やその思いを知り、自分も伝統と文化を大切にしようとする気持ちをもつことができました。

国際理解，国際親善
お話「〇〇〇〇」では、登場人物〇〇〇〇の気持ちを考えることを通して、他国の人たちとお互いの文化などを尊重し合うことのすばらしさについて気がつくことができました。

①

D

生命の尊さ
お話「〇〇〇〇」では、登場人物〇〇〇〇の気持ちを考えることを通して、生命の尊厳について考え、生命を尊重することのよさに気がつくことができました。

自然愛護
お話「〇〇〇〇」では、登場人物〇〇〇〇の気持ちを考えることを通して、自然の偉大さについて考え、自然環境を大切にしようとする意欲をもつことができました。

感動，畏敬の念
お話「〇〇〇〇」では、登場人物〇〇〇〇の気持ちを考えることを通して、人の心の気高さについて考え、畏敬の念をもつことへの前向きな態度を見ることができました。

よりよく生きる喜び
お話「〇〇〇〇」では、登場人物〇〇〇〇の気持ちを考えることを通して、よりよく生きようとする人間の強さや気高さについて考え、生きる喜びを感じるよさに気がつくことができました。

授業タイプ別での具体策 ②
「問題解決的な学習から見取る」の評価文例

本冊62～63頁

善悪の判断，自律，自由と責任

お話「〇〇〇〇」の中の問題をとらえ，自分の意見を伝えたり友だちの意見を聞いたりすることを通して，よいと思うことを進んで行っていこうとする気持ちをもつことができました。

正直，誠実

お話「〇〇〇〇」の中の問題をとらえ，自分の意見を伝えたり友だちの意見を聞いたりすることを通して，うそをついたりごまかしをしたりせずに，素直にのびのびと生活することの大切さに気がつくことができました。

節度，節制

お話「〇〇〇〇」の中の問題をとらえ，自分の意見を伝えたり友だちの意見を聞いたりすることを通して，健康や安全に気をつけて規則正しい生活を送ろうとする意欲をもつことができました。

個性の伸長

お話「〇〇〇〇」の中の問題をとらえ，自分の意見を伝えたり友だちの意見を聞いたりすることを通して，友だちや自分の特徴について考え，気がつくことができました。

希望と勇気，努力と強い意志

お話「〇〇〇〇」の中の問題をとらえ，自分の意見を伝えたり友だちの意見を聞いたりすることを通して，最後までやり抜くことのよさに気がつくことができました。

親切，思いやり

お話「〇〇〇〇」の中の問題をとらえ，自分の意見を伝えたり友だちの意見を聞いたりすることを通して，身近にいる人にはあたたかい心で接することの大切さに気がつき，実践していこうとする気持ちをもつことができました。

感謝

お話「〇〇〇〇」の中の問題をとらえ，自分の意見を伝えたり友だちの意見を聞いたりすることを通して，感謝の念について改めて自分の考えを深めたり広めたりすることができました。

礼儀

お話「〇〇〇〇」の学習では，自分の生活の中の礼儀についてふり返ることで問題をとらえ，あいさつをされると気持ちがよくなることを理解し，自分からあいさつをしようという気持ちをもつことができました。

友情，信頼

お話「〇〇〇〇」の中の問題をとらえ，自分の意見を伝えたり友だちの意見を聞いたりすることを通して，友だちの意見から考えるよさに気がつき，お互いの気持ちを理解し合おうとする気持ちをもつことができました。

規則の尊重

お話「〇〇〇〇」の学習では、自分の生活の中の規則についてふり返ることで問題をとらえ、約束やきまりごとを守り、みんなが使うものを大切にしようとする気持ちをもつことができました。

勤労，公共の精神

お話「〇〇〇〇」の中の問題をとらえ、自分の意見を伝えたり友だちの意見を聞いたりすることを通して、みんなのために進んで働くことのよさに気がつくことができました。

よりよい学校生活，集団生活の充実

お話「〇〇〇〇」の中の問題をとらえ、自分の意見を伝えたり友だちの意見を聞いたりすることを通して、友だちと一緒に自分たちの学級をよくしていこうという意欲を高めることができました。

国際理解，国際親善

お話「〇〇〇〇」の中の問題をとらえ、自分の意見を伝えたり友だちの意見を聞いたりすることを通して、他国の人々や他国の文化に親しもうとする意欲をもつことができました。

公正，公平，社会正義

お話「〇〇〇〇」の中の問題をとらえ、自分の意見を伝えたり友だちの意見を聞いたりすることを通して、だれとでも公正、公平に接することのよさに気がつくことができました。

家族愛，家庭生活の充実

お話「〇〇〇〇」の中の問題をとらえ、自分の意見を伝えたり友だちの意見を聞いたりすることを通して、家族の一員としてできることを考え、進んで手伝いなどをしようとする意欲をもつことができました。

伝統と文化の尊重，国や郷土を愛する態度

お話「〇〇〇〇」の中の問題をとらえ、自分の意見を伝えたり友だちの意見を聞いたりすることを通して、自分の町についてのすばらしさに気がつき、愛着をもとうとする態度が見られました。

生命の尊さ

お話「〇〇〇〇」の中の問題をとらえ、自分の意見を伝えたり友だちの意見を聞いたりすることを通して、生きることのすばらしさを知り、生命の大切さに気がつくことができました。

感動，畏敬の念

お話「〇〇〇〇」の学習では、今までの自分の生活をふり返ることを通して感動に関する問題をとらえ、美しいものへの感動をする心のよさに気がつくことができました。

自然愛護

お話「〇〇〇〇」の学習では、自分たちと自然との関わりを見つめ直すことから問題をとらえ、動植物にやさしく接し、自然を大切にしていこうという意欲をもつことができました。

授業タイプ別での具体策 ②
「問題解決的な学習から見取る」の評価文例

本冊62～63頁

善悪の判断，自律，自由と責任

お話「〇〇〇〇」での問題をとらえ，自分の意見を伝えたり友だちの意見を聞いたりすることを通して，正しいと判断したことは自信をもってやりとげようとすることの大切さに気がつくことができました。

正直，誠実

お話「〇〇〇〇」での問題をとらえ，自分の意見を伝えたり友だちの意見を聞いたりすることを通して，誠実に過ごすことのよさについて考え，正直に明るい心で過ごそうとする意欲をもつことができました。

節度，節制

お話「〇〇〇〇」での問題をとらえ，自分の意見を伝えたり友だちの意見を聞いたりすることを通して，自分で生活をよくしていくことについて考え，節度ある生活を送ろうとする意欲をもつことができました。

個性の伸長

お話「〇〇〇〇」での問題をとらえ，自分の意見を伝えたり友だちの意見を聞いたりすることを通して，自分の特徴に気がつき，よいところをのばそうとする意欲をもつことができました。

希望と勇気，努力と強い意志

お話「〇〇〇〇」での問題をとらえ，自分の意見を伝えたり友だちの意見を聞いたりすることを通して，目標に向かってやり抜くことのよさについて考え，粘り強く取り組むことへの意欲をもつことができました。

親切，思いやり

お話「〇〇〇〇」での問題をとらえ，自分の意見を伝えたり友だちの意見を聞いたりすることを通して，思いやりの気持ちを相手に向けることの大切さに気がつくことができました。

感謝

お話「〇〇〇〇」での問題をとらえ，自分の意見を伝えたり友だちの意見を聞いたりすることを通して，生活の基盤をつくってくれている人たちへの感謝の気持ちをもつことのよさに気がつくことができました。

礼儀

お話「〇〇〇〇」での問題をとらえ，自分の意見を伝えたり友だちの意見を聞いたりすることを通して，だれに対しても真心をもってあいさつをすることの大切さに気がつくことができました。

友情，信頼

お話「〇〇〇〇」での問題をとらえ，自分の意見を伝えたり友だちの意見を聞いたりすることを通して，友だちと互いに信頼し合い，助け合うことの大切さについて考えることができました。

相互理解，寛容

お話「〇〇〇〇」での問題をとらえ，自分の意見を伝えたり友だちの意見を聞いたりすることを通して，相手のことを理解し，自分とは異なる意見でも大切にすることのよさに気がつくことができました。

C

規則の尊重
お話「〇〇〇〇」での問題をとらえ、自分の意見を伝えたり友だちの意見を聞いたりすることを通して、自分自身や周りの人が気持ちよく生活するためにルールがあることに気がつくことができました。

勤労，公共の精神
お話「〇〇〇〇」での問題をとらえ、自分の意見を伝えたり友だちの意見を聞いたりすることを通して、みんなのために働くことのよさに気がつき、そうしようとする意欲をもつことができました。

よりよい学校生活，集団生活の充実
お話「〇〇〇〇」での問題をとらえ、自分の意見を伝えたり友だちの意見を聞いたりすることを通して、みんなで協力し合ってよりよい学校をつくろうとする意欲をもつことができました。

国際理解，国際親善
お話「〇〇〇〇」での問題をとらえ、自分の意見を伝えたり友だちの意見を聞いたりすることを通して、他国の人々や文化について考え、さらに関心をもつことができました。

公正，公平，社会正義
お話「〇〇〇〇」での問題をとらえ、自分の意見を伝えたり友だちの意見を聞いたりすることを通して、公正で公平な態度で人と関わることの大切さに気がつくことができました。

家族愛，家庭生活の充実
お話「〇〇〇〇」での問題をとらえ、自分の意見を伝えたり友だちの意見を聞いたりすることを通して、家族について考え、家族の役に立とうとする意欲をもつことができました。

伝統と文化の尊重，国や郷土を愛する態度
お話「〇〇〇〇」での問題をとらえ、自分の意見を伝えたり友だちの意見を聞いたりすることを通して、地域の人々といっしょに活動する喜びを知ることで地域への愛着をもつことができました。

D

生命の尊さ
お話「〇〇〇〇」での問題をとらえ、自分の意見を伝えたり友だちの意見を聞いたりすることを通して、生命に対する考えを深め、生命を大切にしようとする気持ちをもつことができました。

感動，畏敬の念
お話「〇〇〇〇」での問題をとらえ、自分の意見を伝えたり友だちの意見を聞いたりすることを通して、人の心や自然の美しさについて考え、美しいものに感動するよさに気がつくことができました。

自然愛護
お話「〇〇〇〇」での問題をとらえ、自分の意見を伝えたり友だちの意見を聞いたりすることを通して、動物の命について考え、より大切にしようとする気持ちをもつことができました。

授業タイプ別での具体策 ②
「問題解決的な学習から見取る」の評価文例

本冊62〜63頁

A

善悪の判断，自律，自由と責任
お話「〇〇〇〇」での問題をとらえ，自分の意見を伝えたり友だちの意見を聞いたりすることを通して，自由を大切にし，自律的に判断して責任のある行動をとるよさに気がつくことができました。

正直，誠実
お話「〇〇〇〇」での問題をとらえ，自分の意見を伝えたり友だちの意見を聞いたりすることを通して，誠実に生きることについて考えを深め，明るい心で生活することのよさに気がつくことができました。

節度，節制
お話「〇〇〇〇」での問題をとらえ，自分の意見を伝えたり友だちの意見を聞いたりすることを通して，自分の生活を見直し，節度や節制を大切にして生活していこうとする意欲をもつことができました。

個性の伸長
お話「〇〇〇〇」での問題をとらえ，自分の意見を伝えたり友だちの意見を聞いたりすることを通して，自己の生き方について考え，自分の特徴を知り自分を伸ばすことの大切さに気がつくことができました。

希望と勇気，努力と強い意志
お話「〇〇〇〇」での問題をとらえ，自分の意見を伝えたり友だちの意見を聞いたりすることを通して，困難があってもくじけずに努力し，物事をやり抜くことのよさに気がつくことができました。

真理の探究
お話「〇〇〇〇」での問題をとらえ，自分の意見を伝えたり友だちの意見を聞いたりすることを通して，進んで探究することのよさに気がつき，その意欲をもつことができました。

B

親切，思いやり
お話「〇〇〇〇」での問題をとらえ，自分の意見を伝えたり友だちの意見を聞いたりすることを通して，相手の立場に立って親切に行動することのよさについて気がつくことができました。

感謝
お話「〇〇〇〇」での問題をとらえ，自分の意見を伝えたり友だちの意見を聞いたりすることを通して，家族や周囲の人への感謝の気持ちをもち，それに応えようとする意欲をもつことができました。

礼儀
お話「〇〇〇〇」での問題をとらえ，自分の意見を伝えたり友だちの意見を聞いたりすることを通して，時と場を考えて，礼儀正しく真心をもって接する大切さに気がつくことができました。

友情，信頼
お話「〇〇〇〇」での問題をとらえ，自分の意見を伝えたり友だちの意見を聞いたりすることを通して，男女がお互いに協力し合って助け合うことの大切さに気がつくことができました。

相互理解，寛容
お話「〇〇〇〇」での問題をとらえ，自分の意見を伝えたり友だちの意見を聞いたりすることを通して，自分と違う意見や立場の相手を尊重することのよさに気がつくことができました。

C

規則の尊重
お話「〇〇〇〇」での問題をとらえ、自分の意見を伝えたり友だちの意見を聞いたりすることを通して、法やきまりの意義を考え、自ら進んで法やきまりを守ろうとする気持ちをもつことができました。

公正，公平，社会正義
お話「〇〇〇〇」での問題をとらえ、自分の意見を伝えたり友だちの意見を聞いたりすることを通して、だれに対しても公正公平に接し、正義の実現に対する意欲をもつことができました。

勤労，公共の精神
お話「〇〇〇〇」での問題をとらえ、自分の意見を伝えたり友だちの意見を聞いたりすることを通して、公共のために役に立つことをしようとする意欲をもつことができました。

家族愛，家庭生活の充実
お話「〇〇〇〇」での問題をとらえ、自分の意見を伝えたり友だちの意見を聞いたりすることを通して、家族のために行動することのよさに気づき、進んで家族のために役立とうとする意欲をもつことができました。

よりよい学校生活，集団生活の充実
お話「〇〇〇〇」での問題をとらえ、自分の意見を伝えたり友だちの意見を聞いたりすることを通して、自分の役割を自覚し、集団生活を充実させるために自分の果たす責任は何かについて考えることができました。

伝統と文化の尊重，国や郷土を愛する態度
お話「〇〇〇〇」での問題をとらえ、自分の意見を伝えたり友だちの意見を聞いたりすることを通して、先人の努力を知り、国や郷土への関心をさらに高めることができました。

国際理解，国際親善
お話「〇〇〇〇」での問題をとらえ、自分の意見を伝えたり友だちの意見を聞いたりすることを通して、日本人として国際親善と平和に努めることの大切さに気がつくことができました。

D

生命の尊さ
お話「〇〇〇〇」での問題をとらえ、自分の意見を伝えたり友だちの意見を聞いたりすることを通して、自他の生命を尊重し、大切にしていこうとする気持ちをもつことができました。

自然愛護
お話「〇〇〇〇」での問題をとらえ、自分の意見を伝えたり友だちの意見を聞いたりすることを通して、自然の偉大さを知り自然環境を大切にしようとする気持ちをもつことができました。

感動，畏敬の念
お話「〇〇〇〇」での問題をとらえ、自分の意見を伝えたり友だちの意見を聞いたりすることを通して、美しいものに感動する心や人間の力を超えたものに対する畏敬の念に気がつくことができました。

よりよく生きる喜び
お話「〇〇〇〇」での問題をとらえ、自分の意見を伝えたり友だちの意見を聞いたりすることを通して、よりよく生きようとする人間の強さや気高さを知り、よりよく生きていこうとする意欲を高めることができました。

授業タイプ別での具体策 ③
「体験的な学習から見取る①〜役割演技〜」の評価文例

本冊64〜65頁

善悪の判断，自律，自由と責任

お話「〇〇〇〇」では、登場人物〇〇〇〇の役割を演じることを通して、よいことをすると気持ちがよいことに気がつき、よいこと悪いことの区別をし、よいと思うことを進んで行おうとする意欲をもつことができました。

正直，誠実

お話「〇〇〇〇」では、登場人物〇〇〇〇の役割を演じることを通して、うそをついたことへの後悔の思いに気がつき、うそやごまかしのない誠実な心で生活することへのよさに気づき、その意欲をもつことができました。

節度，節制

お話「〇〇〇〇」では、登場人物〇〇〇〇の役割を演じることを通して、自分のことだけでなく他の人のことも考えて、わがままをしない生活をしようという意欲をもつことができました。

個性の伸長

お話「〇〇〇〇」では、登場人物〇〇〇〇の役割を演じることを通して、自分のよさを生かすことに気がつき、自分には自分のよさがあることを知り、それを大切にしようという気持ちをもつことができました。

希望と勇気，努力と強い意志

お話「〇〇〇〇」では、登場人物〇〇〇〇の役割を演じることを通して、努力したあとのよさに気がつき、自分のやるべき仕事や勉強を最後までやりとげることのよさに気がつくことができました。

親切，思いやり

お話「〇〇〇〇」では、登場人物〇〇〇〇の役割を演じることを通して、親切のよさに気がつき、身近にいる人にあたたかい心で接し、親切にしようとする意欲をもつことができました。

感謝

お話「〇〇〇〇」では、登場人物〇〇〇〇の役割を演じることを通して、「ありがとう」という言葉のよさに気がつき、自分の生活は多くの人に支えられていることに気がつき、感謝の気持ちをもつことができました。

礼儀

お話「〇〇〇〇」では、登場人物〇〇〇〇の役割を演じることを通して、気持ちのよいあいさつや言葉づかいに関心をもち、周囲の人に明るく接しようとする気持ちをもつことができました。

友情，信頼

お話「〇〇〇〇」では、登場人物〇〇〇〇の役割を演じることを通して、友だちと仲良く助け合っていくことのよさに気がつき、自ら助け合う意欲をもつことができました。

低 中 高

C

規則の尊重
お話「〇〇〇〇」では、登場人物〇〇〇〇の役割を演じることを通して、自分勝手な行動をせずにみんなのことを考えた行動をするよさに気がつくことができました。

公正，公平，社会正義
お話「〇〇〇〇」では、登場人物〇〇〇〇の役割を演じることを通して、自分の好き嫌いで友だちを分けへだてすることはいけないことだと気がつくことができました。

勤労，公共の精神
お話「〇〇〇〇」では、登場人物〇〇〇〇の役割を演じることを通して、みんなのために自分の仕事をきちんとやりとげようとする気持ちをもつことができました。

家族愛，家庭生活の充実
お話「〇〇〇〇」では、登場人物〇〇〇〇の役割を演じることを通して、家族のために自分でできることから進んで行おうとする意欲をもつことができました。

よりよい学校生活，集団生活の充実
お話「〇〇〇〇」では、1年生を迎えるための準備をする人になりきって演技することを通して、学校生活をより楽しくしようとする気持ちをもつことができました。

伝統と文化の尊重，国や郷土を愛する態度
お話「〇〇〇〇」では、登場人物〇〇〇〇の役割を演じることを通して、昔から伝わる伝統や文化に普段から興味をもち、親しもうという気持ちをもつことができました。

国際理解，国際親善
お話「〇〇〇〇」では、登場人物〇〇〇〇の役割を演じることを通して、相手の国の言葉を大切にするよさに気がつき、世界の人々や文化に親しみをもとうとする気持ちをもつことができました。

D

生命の尊さ
お話「〇〇〇〇」では、登場人物〇〇〇〇の役割を演じることを通して、誕生した生命の尊さに気がつき、生きていることの喜びとすばらしさについて感じることができました。

自然愛護
お話「〇〇〇〇」では、登場人物〇〇〇〇の役割を演じることを通して、動物との触れ合いのよさに気がつき、身近な自然に親しみ、動物にやさしい心で接しようとする気持ちをもつことができました。

感動，畏敬の念
お話「〇〇〇〇」では、登場人物〇〇〇〇の役割を演じることを通して、やさしく美しい心づかいやその情景に素直に感動することの大切さに気がつくことができました。

授業タイプ別での具体策 ③
「体験的な学習から見取る①～役割演技～」の評価文例

本冊64～65頁

善悪の判断，自律，自由と責任

お話「〇〇〇〇」では、登場人物〇〇〇〇の役割を演じることを通して、正しい判断をしたあとの気持ちよさに気がつき、正しいと判断したことは自信をもって行うことの大切さに気がつくことができました。

正直，誠実

お話「〇〇〇〇」では、登場人物〇〇〇〇の役割を演じることを通して、過ちは素直に改めて正直に明るい心で生活しようとする意欲をもつことができました。

節度，節制

お話「〇〇〇〇」では、登場人物〇〇〇〇の役割を演じることを通して、好きなことだけを優先する考えを改めて節度ある生活をしていこうという意欲をもつことができました。

個性の伸長

お話「〇〇〇〇」では、登場人物〇〇〇〇の役割を演じることを通して、自分の特徴を考え、長所を伸ばしていくことのよさについて気がつくことができました。

希望と勇気，努力と強い意志

お話「〇〇〇〇」では、登場人物〇〇〇〇の役割を演じることを通して、自分でやろうと決めたことを強い意志をもって最後まで取り組むことのよさに気がつくことができました。

親切，思いやり

お話「〇〇〇〇」では、登場人物〇〇〇〇の役割を演じることを通して、相手のことを考え思いやりの心をもって接し、進んで人に親切にしようとする気持ちをもつことができました。

感謝

お話「〇〇〇〇」では、登場人物〇〇〇〇の役割を演じることを通して、自分を支えてくれている人々を尊敬し、これからは感謝の念をもって接しようとする意欲をもつことができました。

礼儀

お話「〇〇〇〇」では、登場人物〇〇〇〇の役割を演じることを通して、礼儀の大切さを知り、だれに対しても真心をもって接しようとする意欲をもつことができました。

友情，信頼

お話「〇〇〇〇」では、登場人物〇〇〇〇の役割を演じることを通して、友だちと互いに理解し、信頼し、助け合おうとすることのよさに気がつくことができました。

相互理解，寛容

お話「〇〇〇〇」では、登場人物〇〇〇〇の役割を演じることを通して、自分の考えや意見を相手に伝えるとともに、相手のことを理解することの大切さに気がつくことができました。

低 中 高

C

規則の尊重
お話「〇〇〇〇」では、登場人物〇〇〇〇の役割を演じることを通して、公共のものや社会のルールを大切にすることのよさを感じることができました。

公正，公平，社会正義
お話「〇〇〇〇」では、登場人物〇〇〇〇の役割を演じることを通して、だれに対しても仲間外れをしないで、公正に接することの大切さを感じることができました。

勤労，公共の精神
お話「〇〇〇〇」では、登場人物〇〇〇〇の役割を演じることを通して、働くことの大切さを知り、進んでみんなのために働こうとする意欲をもつことができました。

家族愛，家庭生活の充実
お話「〇〇〇〇」では、登場人物〇〇〇〇の役割を演じることを通して、家族みんなで協力し合って楽しい家庭をつくることの大切さに気がつくことができました。

よりよい学校生活，集団生活の充実
お話「〇〇〇〇」では、登場人物〇〇〇〇の役割を演じることを通して、学校生活をどのようによくするかを考え、自ら改めていく意欲をもつことができました。

伝統と文化の尊重，国や郷土を愛する態度
お話「〇〇〇〇」では、登場人物〇〇〇〇の役割を演じることを通して、日本に伝わる文化や伝統のよさを知り、それらを大切にしていこうとする気持ちをもつことができました。

国際理解，国際親善
お話「〇〇〇〇」では、登場人物〇〇〇〇の役割を演じることを通して、他国の人々や文化に親しみ、積極的に関心をもとうとする態度を見ることができました。

D

生命の尊さ
お話「〇〇〇〇」では、登場人物〇〇〇〇の役割を演じることを通して、生命がつながっていくことの不思議さや大切さを感じ、それらを大切にして生きていこうという気持ちをもつことができました。

自然愛護
お話「〇〇〇〇」では、登場人物〇〇〇〇の役割を演じることを通して、生命の不思議さや大切さを感じ、これからは自然の中の生命も大切にしていこうという意欲をもつことができました。

感動，畏敬の念
お話「〇〇〇〇」では、登場人物〇〇〇〇の役割を演じることを通して、美しいものや気高いものに感動することのよさに気がつくことができました。

授業タイプ別での具体策 ③
「体験的な学習から見取る①〜役割演技〜」の評価文例

本冊64〜65頁

善悪の判断，自律，自由と責任
お話「〇〇〇〇」では、登場人物〇〇〇〇の役割を演じることを通して、本当によいこととは何かを考え、自律的に判断することのよさに気がつくことができました。

正直，誠実
お話「〇〇〇〇」では、登場人物〇〇〇〇の役割を演じることを通して、自分自身に誠実に生きることを大切にしようとする気持ちをもつことができました。

節度，節制
お話「〇〇〇〇」では、登場人物〇〇〇〇の役割を演じることを通して、自らを節制し快適な生活を送ろうとするよさに気がつくことができました。

個性の伸長
お話「〇〇〇〇」では、登場人物〇〇〇〇の役割を演じることを通して、個性を伸ばすことの意義に気がつき、自分の長所をさらに向上させていこうとする意欲をもつことができました。

希望と勇気，努力と強い意志
お話「〇〇〇〇」では、登場人物〇〇〇〇の役割を演じることを通して、目標を立て努力を続けることのよさに気がつき、さらに努力をする意欲をもつことができました。

真理の探究
お話「〇〇〇〇」では、登場人物〇〇〇〇の役割を演じることを通して、小さな発見から自分や周りの人々の生活の改善につながることを理解し、真理を探究しようとする意欲をもつことができました。

親切，思いやり
お話「〇〇〇〇」では、登場人物〇〇〇〇の役割を演じることを通して、だれに対しても相手の立場に立って考えようとする思いやりのある態度をとるよさに気がつくことができました。

感謝
お話「〇〇〇〇」では、登場人物〇〇〇〇の役割を演じることを通して、多くの人の支え合いや助け合いで自分が成り立っていることに気がつき、自分がその中で生きていることに感謝する気持ちをもつことができました。

礼儀
お話「〇〇〇〇」では、登場人物〇〇〇〇の役割を演じることを通して、だれに対しても礼儀正しく心のこもったあいさつをしようとする気持ちをもつことができました。

友情，信頼
お話「〇〇〇〇」では、登場人物〇〇〇〇の役割を演じることを通して、男女であっても互いに理解し、協力して学び合う友情関係のよさに気がつくことができました。

相互理解，寛容
お話「〇〇〇〇」では、登場人物〇〇〇〇の役割を演じることを通して、相手の立場や気持ちを考え、相手を許すことの大切さにも気がつくことができました。

低 中 高

C

規則の尊重
お話「〇〇〇〇」では、登場人物〇〇〇〇の役割を演じることを通して、自らの義務を守ることのよさを理解し、進んで義務を果たそうとする意欲をもつことができました。

公正，公平，社会正義
お話「〇〇〇〇」では、登場人物〇〇〇〇の役割を演じることを通して、身近な差別や偏見に向き合い、公正で公平な態度をとろうとする意欲をもつことができました。

勤労，公共の精神
お話「〇〇〇〇」では、登場人物〇〇〇〇の役割を演じることを通して、社会に奉仕することへの喜びに気がつき、公共のために役に立とうとする意欲をもつことができました。

家族愛，家庭生活の充実
お話「〇〇〇〇」では、登場人物〇〇〇〇の役割を演じることを通して、家族の一員としての自分の役割を自覚し、積極的に役立とうとする態度を養う意欲をもつことができました。

よりよい学校生活，集団生活の充実
お話「〇〇〇〇」では、登場人物〇〇〇〇の役割を演じることを通して、学校を支えているのは自分たちだと気がつき、学校での責任を果たそうとする意欲をもつことができました。

伝統と文化の尊重，国や郷土を愛する態度
お話「〇〇〇〇」では、登場人物〇〇〇〇の役割を演じることを通して、日本の文化を陰で支えている人たちの思いを知り、そうしたものを大切にしていこうとする気持ちをもつことができました。

国際理解，国際親善
お話「〇〇〇〇」では、登場人物〇〇〇〇の役割を演じることを通して、他国の文化と自国の文化を知り、それを自分の国際親善への意欲へとつなげることができました。

D

生命の尊さ
お話「〇〇〇〇」では、登場人物〇〇〇〇の役割を演じることを通して、自他の生命を尊重しようとする気持ちをもち、それを実践しようとする意欲をもつことができました。

自然愛護
お話「〇〇〇〇」では、登場人物〇〇〇〇の役割を演じることを通して、今までの自分の自然との接し方をふり返り、これからは自然環境を大切にしようとする気持ちをもつことができました。

感動，畏敬の念
お話「〇〇〇〇」では、登場人物〇〇〇〇の役割を演じることを通して、美しさや人間の奥にあるものへの畏敬の念をもつことができました。

よりよく生きる喜び
お話「〇〇〇〇」では、登場人物〇〇〇〇の役割を演じることを通して、人間のもつ強さや気高さに気がつき、よりよく生きていこうとする意欲をもつことができました。

授業タイプ別での具体策 ④
「体験的な学習から見取る②〜道徳的行為〜」の評価文例

本冊66〜67頁

善悪の判断，自律，自由と責任

お話「〇〇〇〇」では、登場人物〇〇〇〇の行為を体験することを通して、よいと思ったことができたときのよさに気がつき、行うとよいことを進んで行おうとする意欲をもつことができました。

正直，誠実

お話「〇〇〇〇」では、登場人物〇〇〇〇の行為を体験することを通して、明るく素直な心で生活しようとする気持ちをもつことができました。

節度，節制

お話「〇〇〇〇」では、登場人物〇〇〇〇の行為を体験することを通して、時間を大切にして節度ある生活をしようとする意欲をもつことができました。

個性の伸長

お話「〇〇〇〇」では、登場人物〇〇〇〇の行為を体験することを通して、自分の長所に気がつき、それを伸ばしていこうとする気持ちをもつことができました。

希望と勇気，努力と強い意志

お話「〇〇〇〇」では、登場人物〇〇〇〇の行為を体験することを通して、やるべきことはしっかりとやろうとする気持ちをもつことができました。

親切，思いやり

お話「〇〇〇〇」では、登場人物〇〇〇〇の行為を体験することを通して、身近な人に思いやりの心で接しようとする意欲をもつことができました。

感謝

お話「〇〇〇〇」では、登場人物〇〇〇〇の行為を体験することを通して、家族や身近な人の愛情に気がつき、感謝しようとする気持ちをもつことができました。

礼儀

お話「〇〇〇〇」では、登場人物〇〇〇〇の行為を体験することを通して、あいさつの大切さに気がつき、気持ちのよいあいさつをしていこうとする気持ちをもつことができました。

友情，信頼

お話「〇〇〇〇」では、登場人物〇〇〇〇の行為を体験することを通して、友だちに対するやさしさやいたわる気持ちの大切さに気がつき、仲良く助け合っていこうとする気持ちをもつことができました。

C

規則の尊重
お話「〇〇〇〇」では、登場人物〇〇〇〇の行為を体験することを通して、きまりを守って人に迷惑をかけないようにしようとすることの大切さに気がつくことができました。

勤労，公共の精神
お話「〇〇〇〇」では、登場人物〇〇〇〇の行為を体験することを通して、みんなのために働こうとする気持ちを高めることができました。

よりよい学校生活，集団生活の充実
お話「〇〇〇〇」では、登場人物〇〇〇〇の行為を体験することを通して、自分の学校のよさも見つめ直し、より楽しい学校生活にしていこうとする気持ちをもつことができました。

国際理解，国際親善
お話「〇〇〇〇」では、登場人物〇〇〇〇の行為を体験することを通して、他国の人々に親しみをもったり、あたたかい心で接しようとしたりする気持ちをもつことができました。

公正，公平，社会正義
お話「〇〇〇〇」では、登場人物〇〇〇〇の行為を体験することを通して、自分の好き嫌いで友だちを分けへだてしてはいけないという気持ちをもつことができました。

家族愛，家庭生活の充実
お話「〇〇〇〇」では、登場人物〇〇〇〇の行為を体験することを通して、家族の一員として自分にできることをしていこうとする意欲をもつことができました。

伝統と文化の尊重，国や郷土を愛する態度
お話「〇〇〇〇」では、登場人物〇〇〇〇の行為を体験することを通して、現在にも郷土の文化が続いていることのよさを感じ、より郷土を大切にしていこうとする意欲をもつことができました。

D

生命の尊さ
お話「〇〇〇〇」では、登場人物〇〇〇〇の行為を体験することを通して、自分は他の生命のおかげで生きていることに気がつき、生きていることのすばらしさを実感することができました。

感動，畏敬の念
お話「〇〇〇〇」では、登場人物〇〇〇〇の行為を体験することを通して、何かを思う心の気高さに感動し、すがすがしい心をもとうとすることができました。

自然愛護
お話「〇〇〇〇」では、登場人物〇〇〇〇の行為を体験することを通して、身近な動植物を大切にし、やさしい心で世話をしようとする意欲をもつことができました。

授業タイプ別での具体策 ④
「体験的な学習から見取る②〜道徳的行為〜」の評価文例

本冊66〜67頁

A

善悪の判断，自律，自由と責任
お話「〇〇〇〇」では，登場人物〇〇〇〇の行為を体験することを通して，正しいと判断したことは，自信をもって行おうとする気持ちをもつことができました。

正直，誠実
お話「〇〇〇〇」では，登場人物〇〇〇〇の行為を体験することを通して，うそをついたりごまかしをしたりしないで，正直に明るい心で過ごすことのよさに気がつくことができました。

節度，節制
お話「〇〇〇〇」では，登場人物〇〇〇〇の行為を体験することを通して，よく考えて行動し，節度ある生活をしようとする意欲をもつことができました。

個性の伸長
お話「〇〇〇〇」では，登場人物〇〇〇〇の行為を体験することを通して，自分のよいところや好きなことに気がつく大切さを感じ，自分のよいところを伸ばしていこうとする態度が見られました。

希望と勇気，努力と強い意志
お話「〇〇〇〇」では，登場人物〇〇〇〇の行為を体験することを通して，自分で決めた目標に向かって努力し，粘り強くやり抜こうとすることのよさに気がつくことができました。

B

親切，思いやり
お話「〇〇〇〇」では，登場人物〇〇〇〇の行為を体験することを通して，相手の気持ちを思いやって進んで親切にしようとする気持ちをもつことができました。

感謝
お話「〇〇〇〇」では，登場人物〇〇〇〇の行為を体験することを通して，自分たちを支えてくれている人たちへ感謝の気持ちをもって接しようという気持ちをもつことができました。

礼儀
お話「〇〇〇〇」では，登場人物〇〇〇〇の行為を体験することを通して，相手を思う心にふさわしい形で表現することのよさに気がつくことができました。

友情，信頼
お話「〇〇〇〇」では，登場人物〇〇〇〇の行為を体験することを通して，友だちと互いに理解し合い，信頼することのよさに気がつくことができました。

相互理解，寛容
お話「〇〇〇〇」では，登場人物〇〇〇〇の行為を体験することを通して，相手の考えを聞くことで理解し，相手の気持ちを考えることの大切さに気がつくことができました。

低　中　高

C

規則の尊重
お話「〇〇〇〇」では、登場人物〇〇〇〇の行為を体験することを通して、社会のきまりを守り、進んで規律正しい生活をしようとする気持ちをもつことができました。

勤労，公共の精神
お話「〇〇〇〇」では、登場人物〇〇〇〇の行為を体験することを通して、喜びをもって進んでみんなのために働こうとする気持ちをもつことができました。

よりよい学校生活，集団生活の充実
お話「〇〇〇〇」では、登場人物〇〇〇〇の行為を体験することを通して、協力し合ってよりよい学校をつくろうという気持ちをもつことができました。

国際理解，国際親善
お話「〇〇〇〇」では、登場人物〇〇〇〇の行為を体験することを通して、他国の文化に関心や理解をもち、親しもうとする気持ちをもつことができました。

公正，公平，社会正義
お話「〇〇〇〇」では、登場人物〇〇〇〇の行為を体験することを通して、だれに対しても差別をしないで公平に接することのよさに気がつくことができました。

家族愛，家庭生活の充実
お話「〇〇〇〇」では、登場人物〇〇〇〇の行為を体験することを通して、家族を大切にし、家族の一員として進んで役に立とうとする気持ちをもつことができました。

伝統と文化の尊重，国や郷土を愛する態度
お話「〇〇〇〇」では、登場人物〇〇〇〇の行為を体験することを通して、生まれ育った郷土のよさを知り、郷土に親しみをもつことができました。

④

D

生命の尊さ
お話「〇〇〇〇」では、登場人物〇〇〇〇の行為を体験することを通して、周りの人たちからずっと自分の生命を大切にしてもらっていたことに気がつき、生命を大切にしようという気持ちをもつことができました。

感動，畏敬の念
お話「〇〇〇〇」では、登場人物〇〇〇〇の行為を体験することを通して、美しいものや気高いものに感動することのよさに気がつくことができました。

自然愛護
お話「〇〇〇〇」では、登場人物〇〇〇〇の行為を体験することを通して、自然のすばらしさや不思議さを感じ取り、自然や動植物を大切にしようとする気持ちをもつことができました。

授業タイプ別での具体策 ④ 「体験的な学習から見取る②〜道徳的行為〜」の評価文例

本冊66〜67頁

善悪の判断，自律，自由と責任

お話「〇〇〇〇」では、登場人物〇〇〇〇の行為を体験することを通して、責任について考え、自律的で責任のある行動をとろうとする意欲をもつことができました。

正直，誠実

お話「〇〇〇〇」では、登場人物〇〇〇〇の行為を体験することを通して、ごまかしなどをせずに誠実に生きようとする気持ちをもつことができました。

節度，節制

お話「〇〇〇〇」では、登場人物〇〇〇〇の行為を体験することを通して、生活習慣の大切さについて理解し、自分の生活を見直し改善していこうとする気持ちをもつことができました。

個性の伸長

お話「〇〇〇〇」では、登場人物〇〇〇〇の行為を体験することを通して、自分の長所を活かして積極的に生きていこうという気持ちをもつことができました。

希望と勇気，努力と強い意志

お話「〇〇〇〇」では、登場人物〇〇〇〇の行為を体験することを通して、行為の中にあるなしとげたいという思いに気がつき、目標に向かって努力しようとすることのよさに気がつくことができました。

真理の探究

お話「〇〇〇〇」では、登場人物〇〇〇〇の行為を体験することを通して、探究することへの思いに気がつき、物事を深く探究していくことへの意欲をもつことができました。

親切，思いやり

お話「〇〇〇〇」では、登場人物〇〇〇〇の行為を体験することを通して、人のためになるようなやさしい行いを、自分で考えて取り組もうとする気持ちをもつことができました。

感謝

お話「〇〇〇〇」では、登場人物〇〇〇〇の行為を体験することを通して、日々の生活がさまざまな人に支えられたり助けられたりしていることに気がつき、感謝しようという気持ちをもつことができました。

礼儀

お話「〇〇〇〇」では、登場人物〇〇〇〇の行為を体験することを通して、相手を尊敬する気持ちをもって、心のこもった接し方をしようという気持ちをもつことができました。

友情，信頼

お話「〇〇〇〇」では、登場人物〇〇〇〇の行為を体験することを通して、友だちどうしで信頼し合い、高め合うことのよさに気がつくことができました。

相互理解，寛容

お話「〇〇〇〇」では、登場人物〇〇〇〇の行為を体験することを通して、自分の考えを伝えることや相手の立場に立って聞き、相互に理解しようとする大切さに気がつくことができました。

低 中 高

C

規則の尊重
お話「〇〇〇〇」では、登場人物〇〇〇〇の行為を体験することを通して、社会生活を送るうえできまりが必要であることを理解し、きまりを守ろうとする気持ちをもつことができました。

公正，公平，社会正義
お話「〇〇〇〇」では、登場人物〇〇〇〇の行為を体験することを通して、差別や偏見のない社会のよさを感じ、公正・公平に接しようとする気持ちをもつことができました。

勤労，公共の精神
お話「〇〇〇〇」では、登場人物〇〇〇〇の行為を体験することを通して、集団の中でのそれぞれの役割の大切さを知り、責任をもって自分の仕事をやりとげることの大切さに気がつくことができました。

家族愛，家庭生活の充実
お話「〇〇〇〇」では、登場人物〇〇〇〇の行為を体験することを通して、家族がかけがえのないものであることを理解し、感謝の気持ちをもって家族のために行動したいという気持ちをもつことができました。

よりよい学校生活，集団生活の充実
お話「〇〇〇〇」では、登場人物〇〇〇〇の行為を体験することを通して、自分の立場を理解し、学校での責任を果たそうとする意欲をもつことができました。

伝統と文化の尊重，国や郷土を愛する態度
お話「〇〇〇〇」では、登場人物〇〇〇〇の行為を体験することを通して、伝統文化の継承のために今の自分に何ができるのかについてさまざまなことを考えることができました。

国際理解，国際親善
お話「〇〇〇〇」では、登場人物〇〇〇〇の行為を体験することを通して、他国の人々や文化を大切にし、同じ国の人どうしだけでなく、ともに支え合おうという気持ちをもつことができました。

D

生命の尊さ
お話「〇〇〇〇」では、登場人物〇〇〇〇の行為を体験することを通して、生命がかけがえのないものであることを理解し、生命を大切にしようとする気持ちをもつことができました。

自然愛護
お話「〇〇〇〇」では、登場人物〇〇〇〇の行為を体験することを通して、自然を守りたいという思いに共感し、自然環境をよくしていこうとする気持ちをもつことができました。

感動，畏敬の念
お話「〇〇〇〇」では、登場人物〇〇〇〇の行為を体験することを通して、人間の真心の強さや美しさに触れ、人間としての在り方を考えることができました。

よりよく生きる喜び
お話「〇〇〇〇」では、登場人物〇〇〇〇の行為を体験することを通して、自分の目指す生き方、誇りある生き方をしようとする意欲をもつことができました。

指導要録用文例集の使い方

　指導要録は1年に1度、学年末に記す評価文です。そして、学期ごとに記す通知表の書き方とは変えなくてはいけません。それはなぜでしょうか。

（評価文を）読む人が違うから

　単純なことですが、通知表は保護者・子ども向けですが、指導要録は教師向けだからです。
　具体的には次のような3つの違いがあります。

- 敬体（「～です。」「～ます。」）ではなく、常体（「～だ。」「～である。」）で記す
- 教材名などを入れない、1年間という大くくりで見た評価で書く（「大くくり」という考え方は、通知表では学期の中で特に顕著に見られた様子を記すことにもつながるが、指導要録では、1つの教材にしぼることを基本的にしない）
- 通知表の評価文にくらべ、80字程度と文字数がやや少なくなることが多い

　では、指導要録の評価文は、どのようにして作成すればよいでしょうか。
　この後の評価文例と合わせて参考にしていただきたいのですが、例えば、授業時間内の次のような子どもの様子を記していきましょう。

- 思考の深まり
- 積極的な発言の意欲
- 道徳ノートやワークシート
- 友だちの考えからどのようなことに気がついているか
- 道徳的行為への実践意欲及び態度の高まり

などです。
　これらを子どもたちの成果物（道徳ノート・ワークシート）や教師の残してきた成果物（メモ・板書写真・授業記録など）をもとにして、要録の文章は作成していきます。

　次頁からは、指導要録に使える文例を低・中・高学年に分けて、それぞれ15個ずつ、計45個の文例を紹介しています。
　通知表用の文例と同様、そのまま使えると感じられたものは使っていただき、ときには批判的に眺めていただいて、さらによりよい評価文にしていただければ幸いです。

登場人物の心情に重ねて考え続けることで、より登場人物の気持ちを理解し、道徳的心情についての思考を高めることができた。

教材の中にある道徳的価値との出会いを通して、それまでの自分の考えと向き合うことができた。

友だちと意見を交流することを何度か重ねていくうちに、より友だちの意見を受け入れることができるようになり、考えを広めることができた。

教材と出会った後には、登場人物の行動や心情がよいことかよくないことかを考え、自分なりの考えをもつことができた。

積極的に友だちと意見の交流を行い、自分の考えをもとにして、違った立場から出された意見のよさに気がつくことができた。

教材を読んで感じたことや登場人物の行為を考え、ノートに自分の意見を書き続けることを通して、思考を深めることができた。

学習をしていく中で、自分の経験や体験と結びつけてふり返ることで、教材からの学びを自分ごととして考えることができた。

よりよい道徳的行為を取ったときの気持ちを考えることを通して、自分の生活でもよりよい道徳的行為を取ろうとする意欲が見られた。

学習テーマについて、みんなで意見を出し合い、さまざまな意見を聞くことを通して、道徳的実践意欲を高めることができた。

学習中の話し合い活動でさまざまな意見に触れることを通して、自分の身の回りのことを見つめ直し、よりよい考えをもとうとすることができた。

自分のする行動が相手の心にどのように届くのかを考えることを通して、相手の立場に立って考えようとする姿が見られた。

よりよい行動とそうではない行動を2つ比較して考えることなどを通して、よりよい自分の行動とは何かを考えることができた。

体験的な学習を何度か行うことで、登場人物の行動のよさにより気がつくことができるようになり、道徳的行為をより実践していこうとする意欲をもつことができた。

自分の経験や生活とつなげて考えることで、教材からの学びをより自分の生き方に生かそうとすることができた。

登場人物への自我関与を通して、よりよい行動や考えとは何かということを友だちとの話し合いを通じて考えることができた。

- 登場人物の心情と自分を重ねることを通して、より自分の生き方を広げ、登場人物のよさを取り入れようとする姿が見られた。

- 道徳ノート（ワークシート）に自分の考えを意欲的に書き続けるだけでなく、積極的に意見を出したり、問題を解決し、道徳的価値を理解しようとする姿が見られた。

- 道徳的価値への理解をもとに、登場人物はどうすればよりよい行動を取ることができるのかということを、自分と重ね合わせて考えることができた。

- よりよい道徳的行為を取ったときの気持ちを考えることを通して、自分の生活に生かそうとする姿が見られた。

- 登場人物の考えや行動の中で自分がよいと思ったことを取り入れ、より自分を伸ばしていこうとする姿が見られた。

- 教材で扱われていた物に実際に触れることを通して、その物から感じられる道徳的価値を探ろうとする姿が見られた。

- 教材の中に含まれる道徳的価値を理解することを通して、これからの自分の生活にも生かしていこうとする姿が見られた。

- 道徳的価値にもとづいた行動が取れないときの登場人物の心情を考えることを通して、人間の弱みを含めた、道徳的行為について考えることができた。

- 自分の意見をしっかりともつだけでなく、学級全体の話し合いで自分とは違う意見や同じ意見に耳を傾け、より自分の考えを深めようとする姿が見られた。

- 体験的な学習では、より登場人物の心情や思考に自分を重ねて考えようとする姿が見られ、それらをもとに道徳的行為への意欲の高まりが見られた。

- 自分の身の回りのことと学習内容をつなげて考えることを通して、自分が生活する中で、学んだことを生かそうとする姿が見られた。

- 自分の普段の生活と登場人物の行動を比較して考えることで、学習内容をより自分ごととしてつなげようとする姿が見られた。

- 登場人物の心情を理解しようとすることを通して、道徳的行為のよさについて考えることができた。

- 登場人物の思いに気がつくことを通して、道徳的価値のよさについて自分なりの意見をもつことができた。

- 物事に対する考えや文化の違いを比較して考えることを通して、多面的・多角的な考えが存在することに気がつくことができた。

- 教材に設定された問題に対する自分の考えをもとにし、学級での話し合い活動を通じて、多面的・多角的な意見をもつことができた。

- 登場人物を客観的に見ることで、登場人物の取った行動のよさやそれ以外の行動への可能性を探り、問題を解決しようとする姿が見られた。

- 積極的に話し合い活動で発言し、問題を解決しようとする姿が見られた。また、友だちの意見を聞き、より自分の考えを広げたり深めたりしようとする姿が見られた。

- 実話にもとづいた教材に触れることで、自分の生活の中にも考えた道徳的価値のよさを取り入れていこうとする姿が見られた。

- 教材にある人間の弱みに触れることで、道徳的行為を達成する難しさを知るとともに、自分の生活ではどうすればよいのかを考えることができた。

- 教材の中に含まれる問題をいろいろな角度から思考することを通して、多面的・多角的な意見をもとうとすることができた。

- 自分の生活の体験とつなげて考えることを通して、新たな道徳的理解を得ようとする姿が見られた。

- 実在する人物の偉業について考えることを通して、自分の生活に生かせることとは何かを考えることができた。

- 道徳ノート(ワークシート)に自分の考えを書くだけでなく、友だちの考えやその意見に対する自分なりの疑問をもち、より道徳的価値への理解を深めることができた。

- 登場人物の心情を理解し、自分自身と重ねようとすることを通して、自分の生き方へつなごうとする姿が見られた。

- 実在する人物の心情に自分を重ねることを通じて、その道徳的行為のよさや大切さに気がつくことができた。

- 教材の中にある道徳的な問題を自分ごととして置き換えて考えることを通して、問題解決のためにはどうすればよいのか考える姿が見られた。

- 相手の立場を考えることを通して、より自分の考えを広めたり深めたりしようとし、自分の生活へ生かそうとする姿が見られた。

- 登場人物が取っている道徳的行為をなぜ行うのかを理解しようとすることを通して、自分の考えを広げようとする姿が見られた。

- 登場人物の生活と自分の生活とを比較したり重ねたりして考えることを通して、よりよい道徳的価値とは何かについて考えることができた。

ワーディングリスト
子どもの姿が見える！ ▶評価文に使える言い回し

文頭表現

- ▶お話「〇〇〇〇」の学習では、
- ▶「〇〇〇〇」では、
- ▶初めは〇〇という考えでしたが、
- ▶初めは〇〇に気がついていませんでしたが、
- ▶お話「〇〇〇〇」での問題をとらえ、
- ▶登場人物の役割を演じることを通して、
- ▶登場人物の行為を体験することを通して、

文末表現

- ▶〇〇というよさに気がつくことができました。
- ▶〇〇という気持ちをもつことができました。
- ▶〇〇する意欲をもつことができました。
- ▶〇〇について考え続けることができました。
- ▶〇〇するという意欲につなげることができました。
- ▶〇〇について見つめ直すことができました。
- ▶〇〇する大切さに気がつくことができました。
- ▶〇〇するにはどうすればよいか考えることができました。
- ▶〇〇と向き合って考えることができました。
- ▶前向きな態度を見ることができました。

具体に迫る文中表現

- ▶自分が〇〇の立場ならどうするかを考え、
- ▶〇〇さんの生き方を知り、〇〇するのがいいと考え、
- ▶相手の気持ちを考えて解決策を考えることで、
- ▶〇〇が〇〇し、〇〇する姿を見て、
- ▶さまざまなことを考えることを通して、
- ▶自分の意見を伝えたり、友達の意見を聞いたりすることを通して、
- ▶友だちと話し合う中で、
- ▶自分と異なる意見でも大切にすることで、
- ▶〇〇には〇〇があることに気づき、
- ▶本当は〇〇の方がよいと感じていましたが、
- ▶〇〇する姿に共感し、
- ▶〇〇な心で接していこうとし、
- ▶〇〇と思うことを進んで行っていくことで、
- ▶正しいと判断したことは自信をもってやりとげようとし、
- ▶目標へ粘り強く取り組むことへの意欲をもち、
- ▶思いやりの気持ちを相手に向け、
- ▶努力を積み重ね続け、
- ▶友だちと互いに信頼し合い、
- ▶今の自分にできることは何かを考え、

- ▶「これからもっとたくさん知りたい」と発言し、
- ▶みんなの役に立っていることを知ることで、
- ▶小さなことからでも〇〇を大切にしていきたいと
- ▶自分から声をかけられるようにすることで、
- ▶自分の心に誠実でありたいと思い、
- ▶〇〇の中に意味を見出せるようにしていき、
- ▶〇〇に対する責任を考えて自覚ある行動をし、
- ▶だれに対しても公正・公平に接し、
- ▶先人の努力を知り、
- ▶自分の役割を自覚し、
- ▶今ある生命を大切にしていきたいと思い、
- ▶時と場合によって方法が違うことがわかり、
- ▶自分がよければいいと思っていたが、
- ▶自由と自分勝手の違い
- ▶過ちであったことに気がついていく姿に共感し、
- ▶〇〇をしたことは許されることではないが、
- ▶元々本当のことを言う勇気をもてなかったが、
- ▶〇〇が何のためかわからなかったが、
- ▶〇〇のような失敗をしないようにし、
- ▶偏った視点で見ることをせず、